CLAVES
PARA UNA BÚSQUEDA EXITOSA DEL DESTINO

PASTOR FRED KASULE

SHABAR PUBLICATIONS
www.shabarpublications.com

La mayoría de los productos de Shabar Publications están disponibles con descuentos especiales por cantidad compra para promociones de ventas, recaudación de fondos y necesidades educativas.

Para más detalles, escriba a Publicaciones Shabar al correo electronico mayorga1126@gmail.com.

Claves Para Una Búsqueda Exitosa del Destino
por Pastor Fred Kasule

Publicado por Shabar Publications
3833 N. Taylor Rd.
Palmhurst, Texas 78573
www.shabarpublications.com
mayorga1126@gmail.com

A menos que se indique lo contrario, todas las citas de las Escrituras son de la Nueva Versión Internacional. Copyright@1979, Biblias Holman, Inc.Utilizado con permiso.

Editado y Traducido por David Mayorga

ISBN: 978-1-955433-25-9

Nota: Esta publicación contiene las opiniones e ideas de su(s) autor(es). Su objetivo es proporcionar material útil e informativo sobre el tema tratado. Se vende con el entendimiento de que el autor(es) y el editor no se dedican a prestar un servicio profesional en el libro. Si el lector requiere asistencia o consejo personal, se debe consultar a un profesional competente. El (los) autor(es) y el editor renuncian específicamente a cualquier responsabilidad por cualquier responsabilidad, pérdida o riesgo, personal o de otro tipo, en el que se incurra como consecuencia, directa o indirectamente, del uso y la aplicación de cualquiera de los contenidos de este libro.

Contenido

Expresiones de Gratitud

Un agradecimiento especial a mi esposa Robinah, quien me ha inspirado constantemente durante los últimos 25 años de nuestro matrimonio, y a nuestros hijos, quienes son una bendición para mí todos los días.

A todos los increíbles miembros de la familia Cornerstone y a todos mis socios, gracias por el apoyo mientras juntos continuamos difundiendo el Evangelio a nivel local y global. Eres el motor detrás de lo que me he convertido y sigo siendo.

Al equipo Ejecutivo, gracias por garantizar que la visión celestial que tenemos ante nosotros progrese constantemente para la Gloria de Dios.

Gracias Edith por trabajar incansablemente para editar este libro.

Elogio

Aquí por fin tenemos un libro, Claves Para Una Búsqueda Exitosa del Destino, que busca abordar lo que debe seguir siendo importante para todos los pueblos de todas las razas y credos: formas mediante las cuales uno puede alcanzar el éxito en el viaje hacia el fin último de la vida, el destino.

El autor y hombre de Dios debe haber sido inspirado por el Dios Todopoderoso de Arriba para identificar el tema y preparar cuidadosamente el material que pueda ayudar a una persona a cumplir el fin deseado que algunos describen como destino.

Después de discutir el tema del destino e invitar al lector a planificar, el libro analiza abundantemente la importancia de la disciplina y el empoderamiento y luego procede a reflexionar sobre cuestiones de mayordomía, sacrificio, semilla, factores de éxito, enseñabilidad, integridad, creación de redes y rendimiento.

Cada discurso tiene sus raíces en la Palabra de Dios y la experiencia de vida. Elaborado con elegancia y escrito en una prosa excelente, este libro delgado y fácil de leer debe atraer a todos los amantes de la búsqueda de una vida significativa que sea elocuentemente fácil de entender y aplicar.

Toda persona sabia del mundo desearía tener acceso al secreto del éxito, que el autor llama las claves. Los lectores se beneficiarán enormemente al leer este folleto excelentemente escrito y producido, libre de toda infelicidad estilística. Hay sugerencias sobre cómo proceder con los pasos enumerados en la narrativa. Por lo tanto, espero y deseo que todos tengamos copias y entreguemos copias adicionales a familiares, amigos, vecinos, colegas y a todos aquellos que deseemos tener un buen final en el viaje de la vida.

Profesor Emérito Michael Omolewa
Presidente de la 32.ª reunión de la Conferencia General de las Naciones Unidas, Organización para la Educación, la Ciencia y la Cultura (UNESCO)

Prefacio

En mis estudios y en mi propia búsqueda de mi destino, he leído muchos libros sobre el tema. Algunos de ellos fueron geniales desde una perspectiva intelectual, otros estaban llenos de grandes ideas y grandes consejos; Doy gracias a Dios por esos libros y por los siervos de Dios que los han escrito.

La diferencia que he encontrado entre el libro del pastor Fred y los demás es el hecho de que conozco a este hombre personalmente. Esto cambia todo para mí y déjame decirte por qué esto hace que el contenido de este manuscrito sea tan especial...

Fue el gran guerrero de oración E. M. Bounds quien dijo: "Se necesitan 20 minutos para preparar un sermón, pero se necesitan 20 años para preparar a un hombre".

Durante los últimos veinte años aproximadamente, he seguido el ministerio de este hombre. Lo he visto en las buenas y en las malas. ¡Nunca lo he oído quejarse, nunca! Cuando lo necesita, da a conocer sus peticiones a Dios y ha aprendido a vivir una vida de quebrantamiento. ¿Cómo puede Dios no utilizar a un hombre que se entrega plenamente a Su voluntad y a Su camino? El pastor Fred no sólo habla desde su conocimiento de teología, sino que habla desde un corazón que ha desarrollado una relación íntima con el Maestro a través de la oración y el ayuno.

Permítanme agregar también que he estado con el pastor Fred Kasule innumerables veces: he ministrado con él en muchas iglesias y he pasado muchos momentos dentro y fuera del circuito de predicación con él. Permítanme simplemente decir que en su vida practica todo lo que está escrito en estas páginas. Su celo y pasión por Jesús lo han llevado desde las aldeas de Uganda en África a viajar por todo el mundo trayendo avivamiento, liberación y alimento espiritual para el siervo hambriento de Jesús.

Debo decir que su último libro Claves Para Una Búsqueda Exitosa del Destino es una hoja de ruta para el verdadero siervo del Señor en su búsqueda de la voluntad y el destino perfectos de Dios. Si el siervo de Jesús tiene hambre y está lo suficientemente desesperado como para alinearse con la voluntad y el destino de Dios: este libro ¡Definitivamente será, no sólo una herramienta oportuna, sino una herramienta probada, para llevarlo allí!

Al leer y meditar estas notas manuscritas, me encuentro renovando mi propio celo y pasión por mi propio destino en Dios. En mi humilde opinión, estas preciosas claves y características son demasiado valiosas y la vida demasiado corta para dejarlas de lado como simples notas sobre el tema.

Mientras leía, meditaba y comenzaba a aplicar algunas de estas notas a mi propia vida, todo lo que puedo decir desde mi corazón es: "Pastor Fred, gracias por escuchar el corazón de Dios y por compartir sus ideas sobre lo que se necesita para convertirse en Dios". un hombre de destino. Gracias por compartir los secretos del Señor que has hecho tuyos y que sin duda han impactado muchas vidas".

Mientras lee estas páginas, evalúe su propia vida; ¡Permite que estas oportunas pepitas de sabiduría hagan su trabajo perfecto en tu propio corazón! ¡Prepárate para ser renovado, si no revivido, mientras persigues tu destino en Dios!

> \- David Mayorga, *Director*
> *Ministerios Masterbuilder*
> Palmhurst, Texas

Introducción

He escrito este libro para brindarles a los lectores algunos principios clave que pueden ayudar a alguien a perseguir con éxito DESTINO.

La predestinación es lo que Dios ha previsto para todos nosotros, pero realizar nuestro destino requiere nuestra fe. Como sal de la tierra, estás destinado a darle sabor a tu entorno y a preservar de la descomposición a tu generación y a las futuras.

En este libro, he tratado de explicar los principios y valores que respeto y que me han ayudado a navegar en circunstancias inexploradas. Aquí encontrará escrituras y declaraciones que le hablarán y elevarán su espíritu. Creo que el éxito es una ciencia que puede ser replicada por personas en diferentes lugares.

No importa el propósito, el sueño y la visión de tu vida, necesitarás algunos secretos y principios fundamentales para terminar bien.

La visión es para un tiempo determinado, y cuando llegue ese momento, independientemente de tus antecedentes, te volverás irresistible al aplicar los principios bíblicos. Kirk Franklin dijo: "Tu experiencia no debe mantenerte de espaldas al suelo".

Creo que esta es tu temporada; orar y practicar los principios del Reino.

Capítulo 1: Destino

El destino se define como tu futuro o el camino predeterminado de tu vida, incluido lo que sucederá en la eternidad. Dios diseñó tu camino antes de que nacieras, pero son tus decisiones y disciplina las que moldearán tu destino.

Inspírate para dar un paso hacia el destino al que Dios te está llamando, mientras estudias, observas y practicas Sus principios. Abrace el destino que Dios le ha dado meditando en las promesas, la sabiduría y el aliento de este libro.

Dios te ha destinado para cosas ridículamente maravillosas. Dios anhela que vivas una vida plena en Él, pero debe haber un equilibrio entre la soberanía de Dios y la responsabilidad humana si quieres terminar bien.

Siempre he creído que es el destino lo que une a las personas y no un accidente. El hecho de que tengas este libro en tus manos es para mí un momento de destino.

En la vida de cada persona existen lo que yo llamo momentos de destino. Un momento de destino es un punto de inflexión crítico. Es un momento en el que todo cambia; un momento en el que nada volverá a ser igual a partir de entonces.

Tu destino es la respuesta a esta pregunta: ¿Cómo terminaré en esta vida y en la eterna? ¿Qué me ha llamado Dios a ser, a hacer y a poseer? ¿Y qué se necesita para cumplir el llamado de Dios en mi vida?

Pasos Hacia el Destino

Consideremos once principios principales que creo que son los que más moldean nuestro destino: Decisiones, Disciplina, Empoderamiento, Equipamiento, Mayordomía, Sacrificio, Enseñabilidad, Integridad, Intimidad, Trabajo en Red, y Ceder.

Gedeón salió de su escondite y se convirtió en un hacedor de historia.

En Jueces 6, Israel vivía bajo la opresión de sus enemigos, los madianitas. Un joven llamado Gedeón estaba escondido del enemigo en un lagar, trillando trigo. Dios le envió un mensajero angelical para proclamar el destino y la identidad que Dios le había dado. Gedeón había sido predestinado por Dios para cambiar el destino de Israel.

"Y se le apareció el ángel de Jehová, y le dijo: Jehová está contigo, hombre valiente y valiente". Gedeón le dijo: Señor mío, si el SEÑOR está con nosotros, ¿por qué nos ha sucedido todo esto? ... Entonces el Señor se volvió hacia él y le dijo: "Ve con este poder tuyo y salvarás a Israel de la mano de los madianitas. ¿No te he enviado yo? (Jueces 6:12-14)

En la Biblia, un nombre de pila suele ser sinónimo de una identidad o destino ordenado por Dios. Cuando el ángel llama a Gedeón "hombre valiente y valiente", está aludiendo al potencial y a la identidad que Dios le ha dado. El nombre Gedeón significa "cortador" o "destructor", y Gedeón estaba destinado a ser un líder que, con la ayuda de Dios, destruiría al poderoso enemigo de Israel.

Gedeón, sin embargo, se veía a sí mismo de otra manera: insignificante e impotente. Como resultado, vivía con miedo y debilidad. Gedeón es un ejemplo típico de mucha gente hoy. El pronunciamiento del ángel sobre la identidad y el destino de Gedeón puso en marcha una cadena de acontecimientos que impulsaron a Gedeón a salir de su escondite y convertirse en un hacedor de historia.

¿Qué nos enseña Gedeón sobre nuestra identidad y destino?

Es posible que no aparezca un ángel en nuestra puerta con un mensaje de Dios como lo hizo Gedeón. Puede que ni siquiera tengamos una profecía personal. Pero podemos comenzar a comprender la identidad y el destino que Dios nos ha dado a medida que abrazamos la enseñanza de la Palabra de Dios.

Esto tendrá consecuencias que cambiarán la vida de los demás y de nosotros.

Esto es lo que podemos aprender de la historia de Gedeón:

1. Dios es la fuente de nuestra identidad y destino.

"Porque somos hechura suya, creados en Cristo Jesús para buenas obras, las cuales Dios preparó de antemano para que anduviésemos en ellas." (Efesios 2:10)

Dios entra en la vida cotidiana normal de Gedeón y anuncia Su plan para él. El propósito de Dios para nuestras vidas no es nuestra buena idea de lo que nos gustaría ser y hacer; es Su plan para nosotros. El destino de Dios para tu vida será consistente con la forma en que Él te ha conectado. Puede ser útil considerar las pistas que Él te ha dado: tus experiencias, pasiones, habilidades y dones espirituales únicos.

Tomó a Gedeón por sorpresa y tiene sorpresas reservadas para ti también. Tómate el tiempo para orar y hazle a tu Padre las siguientes preguntas: "¿Para qué me llamaste y para qué me creaste?" Pregúntale a los líderes piadosos con quienes tienes una buena relación qué perciben en ti. Permítales hablar a su vida.

2. Él convierte nuestras debilidades en sus fortalezas.

'Hermanos y hermanas, pensad en lo que erais cuando os llamaron. No muchos de vosotros erais sabios según los estándares humanos; no muchos eran influyentes; No muchos eran de noble cuna. Pero lo necio del mundo escogió Dios, para avergonzar a los sabios; Dios escogió lo débil del mundo para avergonzar a los fuertes.' (1 Corintios 1:26-27)

Cuando Dios llamó a Gedeón, él se estaba comportando exactamente lo contrario de lo que Dios le había llamado a ser. Tenía miedo; sin embargo, la identidad que Dios le dio fue la audacia. Se consideraba el más pequeño y el menos significativo, pero Dios lo estaba llamando a ser un líder.

En la Biblia, aquellos a quienes Dios usó poderosamente generalmente tenían una historia de debilidad o fracaso. Considera dónde has sido herido y agraviado, o has pecado, o eres débil. Estas son las mismas cosas que Dios está redimiendo. Con Su ayuda no sólo superarás esas debilidades, sino que también podrían convertirse en áreas de fortaleza. Podrá ministrar a otros en estas áreas de debilidad.

También es bueno saber que cuando tu Padre Celestial te habla de tu identidad y destino, estará más allá de su capacidad natural de lograr.

3. Se necesita una relación íntima con Dios para cumplir plenamente nuestro destino.

Un encuentro con Dios es una invitación a una relación con Él. Potencialmente, el encuentro de Gedeón con Dios sería el comienzo de una relación personal con Él. Sería como otras personas que se hicieron amigos de Dios, y este es el fundamento de nuestra identidad y destino.

Sin embargo, trágicamente no cumple con su destino y, en cambio, lleva a la nación a la idolatría (vea Jueces 8:22-27). Todos fuimos creados para tener una relación íntima de amor con Dios. Como creyentes, somos hijos e hijas de un amoroso Padre Celestial. Esta es la relación que Jesús pagó por restaurar cuando derramó Su sangre en la cruz. Necesitamos comprender nuestra identidad de Familia; la identidad de ser miembros de la familia real de Dios.

MOMENTOS DEL DESTINO

Un momento de destino es un momento de huida o de lucha. Estas son puertas de la vida que atravesamos mientras perseguimos los sueños que Dios ha puesto en nuestros corazones. El destino o la forma en que terminas en la vida aquí no es un misterio sino una serie de elecciones.

Al leer sobre el destino, es útil considerar su pasado. Muchas veces, nuestro destino está enterrado en nuestro pasado; bueno o malo. Dios siempre obra a través de nuestro dolor o para permitirnos ayudar a otros a encontrar su destino. Para la mayoría de las personas, su dolor se convierte en una barrera para su destino, mientras que Dios quiere utilizar nuestro dolor como plataforma de lanzamiento para el destino.

También debes considerar tu personalidad y pasión. ¿Qué te pone triste, alegre o enojado? ¿A favor y en contra de qué estás?

Estos momentos decisivos a veces pueden llegar rápidamente y desaparecer, pero en otras ocasiones tienes la oportunidad de pensar en ellos. Cualquiera sea el caso, debes estar siempre preparado por la gracia de Dios.

En la vida no se puede agradar a todo el mundo y no se necesita la aprobación de la gente sino la de Dios. Es posible que hayas oído decir que a los 20 años nos preguntamos qué piensan todos de nosotros. A los 40 no nos importa lo que todos piensen de nosotros. A los 60 descubrimos que nadie pensaba en nosotros.

Los momentos del destino son momentos decisivos que Dios dispone para nosotros, pero requieren nuestra respuesta de fe en el Señor soberano. En mi último año de escuela primaria, estaba preocupado por mi desempeño porque no había sido bueno.

Una semana antes de los exámenes, mi abuela invitó a un profeta a visitar nuestra casa. Me encontró parado en la puerta. Nunca lo había conocido, pero apenas me vio me dijo: "Joven, estás preocupado por los exámenes, pero no te preocupes, Dios te ayudará". Esas palabras tuvieron un tremendo impacto en mi vida, aunque no conocía al Señor. Creí y confié en Dios.

Mi peor materia fue Matemáticas, pero para mi sorpresa fue la materia en la que mejor hice. Para sorpresa de todos, fui uno de los pocos que obtuvieron un primer grado en nuestra región.

Ese fue un momento de destino para mí cuando creí en el hombre de Dios. El buen desempeño me siguió durante todos mis años escolares. Otro momento del destino que nunca olvidaré fue cuando estaba por terminar mis estudios universitarios. No sabía cuál sería el siguiente paso. La expectativa natural era conseguir un trabajo en un banco y establecerse en la vida laboral, casarse, tener hijos, acumular posesiones, jubilarse y morir a una edad increíblemente buena.

Mientras buscaba respuestas, un hombre de Dios entró en mi habitación y me dijo que Dios quería que fuera a una escuela bíblica y me capacitara, después de lo cual entrenaría al pueblo de Dios y lo prepararía para el ministerio. Ya estaba involucrado en la evangelización y la plantación de iglesias, pero después de escuchar esto, supe que era un momento de destino para mi próxima temporada.

En ese momento, las únicas facultades teológicas que conocía eran denominacionales.

No creían en la salvación por gracia ni en la obra de milagros, señales y prodigios del Espíritu Santo.

Comencé a buscar a Dios y a preguntar acerca de las escuelas bíblicas. Lo hablé con uno mío en Texas que en ese momento sintió que Dios quería que me ayudara. Prometió buscarme una escuela bíblica adecuada, asegurarme una plaza e incluso comprarme un billete de avión si lograba encontrar el camino a Londres. Qué bendición fue escuchar tan buenas noticias. Vendí todo lo que tenía y compré un billete de ida a Londres. Fue un milagro haber obtenido autorización en Inmigración sin un boleto completo a mi destino o un boleto de regreso a mi país.

Al llegar al Reino Unido, donde transitaría antes de partir hacia "mi destino final", llamé a mi amigo y le narré mi milagro de entrar al Reino Unido. También le pregunté por el billete de avión que me había prometido. Permaneció en silencio un rato y luego me dijo que sólo había estado bromeando. Dijo que nunca había buscado una escuela bíblica y que no tenía dinero para darme un boleto de avión. Luego colgó el teléfono.

Ese fue otro momento de destino para mí, aunque no podía entender lo que Dios estaba haciendo. Entré en un tiempo de oración y ayuno. Era la primera vez que experimentaba el invierno; No tenía ropa de invierno, pero caminaba diariamente junto al río Támesis y pasaba tiempo en oración. Un día regresé de ese lugar solo para que mi anfitrión me pidiera que saliera de su casa porque me había quedado más tiempo. A petición de mi amigo, inicialmente había accedido a retenerme durante dos semanas.

Si hubiera tenido un billete de regreso a Uganda o dinero para comprarlo, no habría sido un problema. Pero sólo llevaba encima 50 dólares y él era la única persona que conocía en el Reino Unido en ese momento. Sin embargo, el desafío de mi anfitrión era comprensible: tenía una visita que debía dormir en el sofá cama de la sala de estar.

Sin saber exactamente lo que estaba diciendo, le pedí a mi anfitrión que me diera al menos tres días más. Me sentiría cómodo durmiendo en su pequeña cocina durante esos tres días. Afortunadamente, el acepto. Continué en oración y ayuno. Un día, cuando venía de mi lugar de oración junto al río, una señora se acercó a mí y me dijo que habían estado orando y que Dios les había dicho que me dijeran, No te preocupes, Dios sabe el final de la historia.

Cuando hablé un poco más con ella, me dijo que habían estado orando por mí. Ella me dijo que conocía a un hermano en el Señor que quería que yo conociera y cuando mencionó su nombre, me di cuenta de que este caballero había sido amigo mío e incluso habíamos cantado juntos en un coro en casa. No sabía dónde estaba porque no había sabido nada de él durante unos seis años. Esa noche fuimos a conocerlo y me invitó a quedarme con su familia cuando quisiera. Al día siguiente, el Señor me llevó de dormir en una pequeña cocina a mi propia habitación.

Para abreviar la larga historia del milagro, conocí a un caballero en ese lugar y le compartí mi sueño de entrenar. Me llevó al Instituto Bíblico Internacional de Londres, me presentó al director, pagó mi primer semestre y comencé la capacitación de la escuela bíblica la semana siguiente. La administración de la escuela bíblica decidió patrocinarme para mi último año.

Durante ese tiempo y por la gracia de Dios, contribuí decisivamente a iniciar dos iglesias que todavía existen hoy en Londres.

¿Cuáles son algunos de los momentos del destino en tu propia vida? Este tipo de testimonios ayudan a fortalecer nuestra fe cuando enfrentamos desafíos en la vida.

Además, esos momentos llegan para redefinir quiénes somos, dónde estamos y hacia dónde vamos. Tu destino está determinado por decisiones y acciones, no por casualidad.

Deuteronomio 30:19 "Pongo hoy por testigos contra vosotros al cielo y a la tierra, que os he puesto delante la vida y la muerte, la bendición y la maldición. Elige, pues, la vida, para que vivas tú y tu descendencia".

La escritura anterior nos muestra que la forma en que terminas en la vida está completamente en tus manos. Otras personas o circunstancias pueden influir en tu vida, pero tus decisiones son las más importantes.

Capítulo 2: Decisiones

La vida se trata de elecciones. Algunos nos arrepentimos, otros de los que estamos orgullosos. Algunos nos perseguirán para siempre. El mensaje: "somos lo que elegimos ser". -Graham Brown

Se ha dicho que las decisiones son los goznes del destino. No se puede avanzar sin tomar decisiones. La vida es una cuestión de elecciones y cada elección que hagas eventualmente te hará a ti.

Nuestros destinos están moldeados por nuestras decisiones más que por las condiciones. Independientemente de tu condición, tu vida puede cambiar en el momento en que te comprometes a hacer algo.

La vida se compone de un número infinito de opciones. Si eliges manejar tu vida con fe valiente y confianza en Dios, te abrirás a un camino pleno y lleno de numerosas posibilidades. En lugar de posponer las cosas por temor a tomar la decisión equivocada, evalúe sus opciones y actúe según la mejor, confiando en Dios.

Me gusta este dicho: "Si así es, depende de mí". Esto significa que su éxito o la falta de él depende de usted. Esto no significica que lo harás solo. Simplemente significa que asumirás la responsabilidad de tu vida y de tu sueño, mientras vives por fe en Dios.

Hoy en día, muchas personas ven las oportunidades y piensan

que depende de otra persona asegurarse de aprovecharlas. Siguen esperando que "alguien más" haga que esto suceda por ellos. Cuando termina la espera, descubren que ya es demasiado tarde para hacer algo. Su vida ha terminado y están llenos de arrepentimiento.

Recuerde siempre el principio de que se cosecha lo que se siembra. Duerme hasta tarde y ve tarde al trabajo, la escuela o la iglesia y cosecha los beneficios. O levantarse temprano y trabajar más que los demás y obtener un mayor rendimiento. Ponga en riesgo su capital y obtenga una rentabilidad. Coloque su capital en mayor riesgo y tal vez obtenga un mayor rendimiento. Tú decides lo que siembras y en consecuencia lo que cosechas.

¿Sabes que te vuelves imparable una vez que Dios pone un sueño en tu corazón?

Habrá obstáculos, puede que a la gente no le guste lo que estás haciendo, pero lo que más importa es tu respuesta y actitud. No hay mayor alegría que saber que te propusiste hacer algo y lo lograste a pesar de los obstáculos. Aquellos que viven con una mentalidad de víctima nunca llegan a experimentar la alegría del logro porque siempre están esperando que alguien más venga a rescatarlos. Quien asume responsabilidad conoce la alegría de ver el trabajo bien hecho.

Jesús venció por el gozo que se le puso delante.

"Por el gozo puesto delante de él soportó la cruz, menospreciando su vergüenza, y se sentó a la diestra del trono de Dios."

(hebreos 12:2)

Déjame preguntarte esto: ¿Dónde estarás dentro de cinco años? ¿Diez años? ¿Veinticinco años? ¿Tienes una idea? ¿Alguna vez has soñado con ello o te has fijado una meta? ¿Estás dispuesto a asumir la responsabilidad y reconocer que todo depende de ti?

TUS VALORES SON LA PLATAFORMA PARA TU FUTURO

Muchos perderán la vida que Dios planeó para ellos debido a malas decisiones. Uno de mis versículos clave en la Biblia es: "Porque yo sé los planes que tengo para vosotros", declara el Señor, planes para prosperaros y no para haceros daño, planes para daros esperanza y un futuro." (Jeremías 29:11)

Poder tomar decisiones es nuestro mayor regalo de Dios y también una gran responsabilidad. Nos vemos obligados a tomar decisiones en la vida, y estas decisiones a menudo tienen consecuencias importantes. Lo que nos sucede no es tan importante como las decisiones que tomamos. Son estas, y no las circunstancias, las que eventualmente moldean nuestro destino. Tus decisiones de hoy darán forma a tu mañana.

El Ejemplo de MOISÉS: La Elección de la Fe

Hebreos 11:23-27 dice, "Por la fe, los padres de Moisés lo escondieron durante tres meses después de su nacimiento, porque vieron que no era un niño común y corriente, y no temieron el edicto del rey. Por la fe Moisés, siendo ya adulto, rehusó ser conocido como hijo de la hija de Faraón. Eligió ser

23

maltratado junto con el pueblo de Dios en lugar de disfrutar de los placeres fugaces del pecado. Consideró la desgracia por causa de Cristo como de mayor valor que los tesoros de Egipto porque esperaba su recompensa. Por la fe salió de Egipto, sin temer la ira del rey; perseveró porque vio al Invisible".

El texto anterior ilustra dos buenas decisiones que afectaron enormemente la historia mundial.

El primero era relativamente rutinario en ese momento. Dos esclavos en el antiguo Egipto decidieron desafiar el edicto del rey de matar a todos los bebés hebreos varones escondiendo a su hijo. Ese hijo resultó ser Moisés, el gran libertador de su pueblo.

El segundo fue el del propio Moisés. Decidió renunciar a su posición de influencia y riqueza en la corte egipcia para ponerse del lado del pueblo esclavizado de Dios. Ambas elecciones fueron motivadas por la fe y sus lecciones tienen consecuencias eternas para nosotros.

A. La elección de los padres de Moisés de obedecer a Dios por fe resultó en sufrimiento a corto plazo, pero también en bendición eterna (11:23).

Los judíos habían pasado de la posición privilegiada que disfrutaban en Egipto bajo José a la posición despreciada de esclavos que realizaban trabajos forzados. Debido a su temor de que los judíos se estuvieran multiplicando demasiado rápidamente, el faraón había dado la orden de arrojar a todos los niños judíos recién nacidos al río Nilo. Pero como los padres de Moisés creían que Dios había destinado a su hijo para un papel importante, desafiaron el edicto del rey y lo ocultaron durante tres meses.

SUFRIMIENTO A CORTO PLAZO

El versículo 23 dice: "no temieron el edicto del rey". La elección de obedecer a Dios por la fe siempre implica una cierta cantidad de riesgo inicial. Recuerde, ¡esta pareja no sabía el final de la historia cuando tomó su decisión! Pero decidieron obedecer a Dios y arriesgarse a las consecuencias. Temían al Dios invisible, que es el autor de la vida, más de lo que temían el edicto de muerte del rey.

LA ELECCIÓN DE LOS PADRES DE MOISÉS RESULTÓ EN BENDICIONES ETERNAS

Moisés creció hasta convertirse en el líder más grande de la historia judía. Liberó a los judíos de la esclavitud. Bajo inspiración divina, escribió los primeros cinco libros de la Biblia. ¡La elección aparentemente pequeña de salvar esta pequeña vida tuvo un gran impacto en la historia mundial!

LOS PADRES DE MOISÉS ELEGIERON OBEDECER A DIOS POR FE

Si no hubiera sido por su conocido hijo, los padres de Moisés habrían vivido en la oscuridad como humildes esclavos. Pero Dios usó su fe valiente de manera poderosa.

Obedece a Dios por fe y confía a tus hijos a su cuidado. ¡Él los usará poderosamente para Su reino!

B. La elección de Moisés de obedecer a Dios por fe resultó en sufrimiento a corto plazo, pero también en bendición eterna (11:24-26). Cuando Moisés rechazó ser llamado hijo de la hija de Faraón y eligió identificarse con el pueblo de Dios, eligió sufrir al menos de cuatro maneras:

• EL DOLOR DE LA ALIENACIÓN Y LOS MALENTENDIDOS.
Cuando eliges seguir a Jesucristo y alejarte de las expectativas de la gente, sufrirás alienación y malentendidos.

• LA PÉRDIDA DE LOS HONORES, PLACERES Y RIQUEZAS DEL MUNDO.
Al ser hijo de la hija de Faraón, Moisés disfrutó de una posición de honor más alta que la de cualquier otro en Egipto. Pero cuando decidió obedecer a Dios por fe, ¡instantáneamente lo perdió todo! No es necesariamente pecaminoso disfrutar de una posición de honor y de una vida cómoda que la riqueza pueda proporcionar. José disfrutó de ambos mientras seguía a Dios. Pero cuando Dios lo llamó a renunciar y sacar a Israel de la esclavitud, habría sido pecado en ese momento que él continuara viviendo como antes.

• SER IDENTIFICADO CON UNA COMUNIDAD DE ESCLA-VOS DESPRECIADA
Moisés corrió en los círculos más altos de la sociedad egipcia. Conocía a todos los que eran alguien. Con frecuencia comía en la mesa del rey. Como hombre influyente, la gente lo buscaba. ¡Pero decidió renunciar a ese estatus y vivir entre los trabajadores esclavos!

- SUFRIR EL REPROCHE DEL MUNDO
¡Imagínese los chismes en la alta sociedad egipcia en ese momento! El ridículo es algo poderoso. La gente hace todo lo posible para encubrir errores vergonzosos que les avergonzarían. Moisés obtuvo algo mejor.

C. LA ELECCIÓN DE MOISÉS DE OBEDECER A DIOS POR LA FE RESULTÓ EN TRES BENDICIONES ETERNAS

- LA COMPAÑÍA DEL PUEBLO DE DIOS
Eligió "soportar malos tratos con la gente de Dios." A pesar de todos los problemas que tuvo con ellos, eran el pueblo de Dios. Era una bendición mucho mayor soportar malos tratos con ellos que vivir en la sociedad mundana y superficial de la corte de Faraón. Aunque la Iglesia tiene algunas personas difíciles, es mucho mejor viajar hacia el cielo con el pueblo de Dios que vivir entre la gente egoísta del mundo.

- MAYORES RIQUEZAS DE CRISTO
Consideró "el oprobio de Cristo como riqueza mayor que los tesoros de Egipto". Moisés consideró que cualquier reproche que soportara por identificarse con el Mesías de Dios era mucho más valioso que los tesoros mundanos que pudiera acumular en Egipto.
La principal manera de combatir las tentaciones de "los deseos de la carne, los deseos de los ojos y la vanagloria de la vida" (1 Juan 2:16) es ver el valor infinito de poseer a Jesucristo. Cuando ves el tesoro que es Cristo, todo lo demás se desvanece.

- LA RECOMPENSA ETERNA EN EL CIELO
Moisés "esperaba la recompensa" (11:26) de "una patria mejor,

que es la celestial" (11:16). Cuando apareció en el Monte de la Transfiguración con Jesús y Elías, era la primera vez que pisaba la tierra prometida. La fe fue lo único que permitió a Moisés elegir a Dios y al cielo por encima de los tesoros de Egipto. Creyó en Dios y en sus promesas a Abraham, Isaac y Jacob.

LA ELECCIÓN DE FE DE MOISÉS FUE CONSIDERADA CUIDADOSAMENTE

Tomó esta decisión después de "haber crecido" (11:24; Éxodo 2:11). Esteban nos dice que tenía 40 años (Hechos 7:23).

A. UNA ELECCIÓN CRÍTICA CON CONSECUENCIAS DE LARGO ALCANCE

La crisis que empujó a Moisés al límite, obligándolo a renunciar a Egipto y elegir el maltrato con el pueblo de Dios, fue cuando vio al egipcio golpeando a uno de los esclavos hebreos (Éxodo 2:11). Ese momento del destino lo afectó no sólo a él sino a muchas generaciones de judíos después de él. Tu decisión de confiar en Jesucristo afecta tu destino eterno, pero también tiene consecuencias de gran alcance para tus hijos y los hijos de ellos, así como para muchos con quienes tendrás contacto.

LA ELECCIÓN DE FE DE MOISÉS REQUERÍA PESAR EL CORTO PLAZO CONTRA EL LARGO PLAZO

"Estaba esperando la recompensa". La fe confía en la eternidad. 2 Corintios 4:17 dice, "Porque la aflicción momentánea y ligera está produciendo para nosotros un peso eterno de gloria mucho más allá de toda comparación".

Si quieres creer en el evangelio, debes sopesar los placeres pasajeros y momentáneos del pecado con el castigo eterno en el infierno. Sopese la aflicción momentánea con el gozo eterno en el cielo. ¡Entonces elige!

¿Has hecho tu elección de fe? ¿Crees lo que Dios ha dicho acerca del pecado y del Salvador?

¿Has comparado los tesoros de este mundo con las mayores riquezas de Cristo?

Si no has tomado la decisión de fe de nacer de nuevo y quieres hacerlo ahora mismo, haz esta oración:

"Querido Señor Jesús, creo que moriste por mí y resucitaste al tercer día. Confieso que soy un pecador; Necesito tu amor y perdón. Ven a mi corazón y perdona mis pecados. Hoy te recibo como mi Salvador y Señor. Rezo por tu paz, alegría y amor sobrenatural por los demás. AMÉN

Romanos 10:9 dice, "Si declaras con tu boca: "Jesús es el Señor", y crees en tu corazón que Dios lo resucitó de entre los muertos, serás salvo."

Estas son algunas de mis citas favoritas sobre decisiones/ elecciones:

"A veces son las decisiones más pequeñas las que pueden generar los mayores cambios en tu vida para siempre". -Anónimo
"Somos los únicos responsables de nuestras decisiones y tenemos que aceptar las consecuencias de cada palabra, acto y

pensamiento a lo largo de nuestra vida". - Elisabeth K-Ross

"La clave para aceptar la responsabilidad de tu vida es aceptar el hecho de que tus elecciones, cada una de ellas, te están llevando al éxito o al fracaso, sin importar cómo definas esos términos". -Neal Boortz

Versículos de la Biblia sobre el destino - La Pasión Traducción= (TPT)

La Traducción de la Pasión expresa la palabra de Dios en una manera que revele Su ardiente corazón de amor por ti y esta generación.

Efesios 1:11: "A través de nuestra unión con Cristo, nosotros también hemos sido reclamados por Dios como su propia herencia. Antes incluso de nacer, él nos dio nuestro destino; que cumpliéramos el plan de Dios quien siempre cumple cada propósito y plan en su corazón."

Efesios 2:10: "Nos hemos convertido en su poesía, un pueblo recreado que cumplirá el destino que Él nos ha dado a cada uno de nosotros, porque estamos unidos a Jesús, el Ungido. ¡Incluso antes de que naciéramos, Dios planeó de antemano nuestro destino y las buenas obras que haríamos para cumplirlo!"

Efesios 3:20: "Nunca dudes del gran poder de Dios para obrar en ti y lograr todo esto. ¡Él logrará infinitamente más que su mayor petición, su sueño más increíble y superará su imaginación más salvaje! Él los superará a todos porque su poder milagroso te energiza constantemente."

Romanos 8:28: "Así que estamos convencidos de que cada detalle de nuestras vidas está continuamente entretejido para encajar en el plan perfecto de Dios de traer el bien a nuestras vidas, porque somos sus amantes que hemos sido llamados a cumplir el propósito que él diseñó."

Proverbios 2:9 "Entonces descubrirás todo lo que es justo, apropiado y equitativo, y tendrás el poder para tomar las decisiones correctas a medida que avanzas hacia tu destino."

Proverbios 20:24: "Es el Señor quien dirige tu vida, pues cada paso que das es ordenado por Dios para acercarte a tu destino. ¡Gran parte de tu vida, entonces, sigue siendo un misterio!"

Salmo 16:5: "Señor, solo a ti te he escogido como mi herencia. Eres mi premio, mi placer y mi porción. Dejo en tus manos mi destino y sus tiempos."

Salmo 31:15: "Mi vida, cada momento mío, mi destino, todo está en tus manos. Así sé que podrás librarme de quienes me persiguen sin descanso."
Proverbios 4:25: "Pon tu mirada en el camino que tienes delante. Con un propósito fijo, mirando al frente, ignora las distracciones de la vida."

Oración por orientación en la toma de decisiones:

Isaías 30:21: "Y tus oídos oirán detrás de ti una palabra que diga: Este es el camino, andad por él, cuando os volváis a la derecha y cuando os volváis a la izquierda."

La vida exige la toma de decisiones. Estás donde estás hoy debido a las decisiones que tomaste consciente o inconscientemente. Dado que debemos tomar decisiones en la vida, es muy importante que oremos pidiendo orientación en este asunto.

Nadie conoce mejor el propósito de un producto que su fabricante. Si debe maximizar el producto, debe leer y seguir las instrucciones del manual.

La única manera en que podemos maximizar nuestro destino en la vida es seguir el manual del fabricante, que es la Biblia. Dios está comprometido a guiar a Sus hijos, pero sólo guiará a aquellos que estén dispuestos a ser guiados. Las decisiones equivocadas pueden provocar frustraciones permanentes en su vida. El poder de la oración te permitirá obtener guía del Señor a medida que des pasos importantes relacionados con tu vida y tu destino.

Padre, te doy gracias por tu palabra y el poder de revelación del Espíritu Santo. Oro para que me des el Espíritu de sabiduría y revelación en el conocimiento de ti mismo en el nombre de Jesús. Señor, aclara tu camino ante mi rostro y quita el espíritu de confusión de mi vida en el nombre de Jesús. Oro para que quites las escamas espirituales de mis ojos en el nombre de Jesús. Oro para que ordenes mis pasos con tu palabra viva en el nombre de Jesús.
Oro para que saques a la luz cada oscuridad planeada contra mí en el nombre de Jesús. Oro para que la sabiduría divina

opere en mi vida y que abras mi entendimiento espiritual en el nombre de Jesús. Rechazo el espíritu de orgullo y me someto a tu dirección divina en el nombre de Jesús.

Recibo poder para operar con ojos espirituales agudos que no pueden ser engañados, y les agradezco por escuchar mis oraciones en el nombre de Jesús. Amén.

Capítulo 3: Disciplina y Empoderamiento Divino

La disciplina es la capacidad de regular tu comportamiento por principios en lugar de por impulsos, por la razón en lugar de por emociones y por resultados a largo plazo en lugar de gratificación inmediata. Es hacer lo mejor, no lo más fácil. Eres disciplinado cuando eliges hacer cosas difíciles y las conviertes en un hábito. Esto es lo que nos permite tener autocontrol.

Practicar un estilo de vida disciplinado puede ser doloroso, pero los resultados son enormes.

ESFUÉRZATE POR CREAR HÁBITOS QUE FUNCIONEN PARA TI.

Todos tenemos malos hábitos y la mayor parte de nuestra atención tiende a centrarse en romperlos en lugar de reemplazarlos por buenos. Los buenos hábitos se desarrollan, los malos hábitos destruyen.

Un hábito es un patrón de comportamiento incorporado que requiere poco o ningún uso de la voluntad. Algunos malos hábitos incluyen escupir en público, hurgarse la nariz, chuparse el dedo o la lengua, meterse las manos en los bolsillos mientras se habla con personas mayores, mirar hacia abajo mientras se habla y gastar de más. La lista podría continuar.

Los hábitos, buenos o malos, son conductas aprendidas y la mayoría de ellos se aprenden durante nuestra crianza y están fuertemente influenciados por nuestras primeras interacciones sociales. Los malos hábitos pueden cambiar, pero requerirán decisiones intencionales.

Un cambio de hábito puede llevar a un estilo de vida más disciplinado en otras áreas. Por ejemplo, la disciplina de dormir temprano ayudará a uno a tener devociones matutinas disciplinadas. El salmista era disciplinado para alabar a Dios sin importar las circunstancias.

Salmo 119:164 "Siete veces al día te alabaré".

EMPODERAMIENTO

Dios nos da poder divino a través del conocimiento y la práctica de Sus Promesas. El empoderamiento divino llega en el momento en que se necesita; no es algo que Dios nos da por adelantado. Su orden es IR o ACTUAR. Luego, Él nos da lo que necesitamos.

Con Dios, siempre hay un tiempo señalado y cuando lo pones a Él primero, confías en Su tiempo y mantienes la fe. ¡Los milagros ocurren!
La verdad es: todo lo que nos importa no es nada para Aquel que hace que las cosas importen".

Debes atreverte a hacer cosas imposibles. Estas serán posibles si confías incesantemente en el poder de Dios.

Bienaventurados los flexibles, porque el cambio es inevitable. Para cumplir nuestro verdadero destino, debemos confiar en Dios para recibir el empoderamiento divino.

Es solo Dios quien nos da fuerza y sabiduría para cumplir el sueño que Dios nos dio".

"Las armas con las que luchamos no son las armas del mundo, sino que tienen poder divino para derribar fortalezas" (2 Corintios 10:3-4).

La palabra griega traducida como fortalezas es ochuroma, que significa fortificar, encerrar o encarcelar. Esto es lo que nuestro enemigo intenta hacer con nosotros. Nos miente hasta convencernos de que estamos estancados y que nunca podremos escapar de nuestros problemas.

2 Pedro 1:3-4: "Su divino poder nos ha concedido todas las cosas que pertenecen a la vida y a la piedad, mediante el conocimiento de aquel que nos llamó por su gloria y excelencia, por medio de las cuales nos ha concedido sus preciosas y grandísimas promesas, para que por ellas llegaseis a ser participantes de la naturaleza divina, habiendo huido de la corrupción que hay en el mundo a causa de la concupiscencia."

Moisés es un buen ejemplo de la debilidad humana y el empoderamiento divino.

Éxodo 3:10-13: "Ahora pues, ve, yo te envío a Faraón para que saques de Egipto a mi pueblo, los israelitas." Pero Moisés respondió a Dios: "¿Quién soy yo para ir a Faraón y sacar de Egipto a los israelitas?" Y dijo Dios: Yo estaré contigo. Y ésta será la señal para ti de que soy yo quien te he enviado: cuando hayas sacado al pueblo de Egipto, adoraréis a Dios en este monte. Entonces Moisés dijo a Dios: «Supongamos que voy a los israelitas y les digo: "El Dios de sus padres me ha enviado a ustedes", y ellos me preguntan: "¿Cuál es su nombre?", ¿qué les responderé, entonces?"

Éxodo 4:12: "Ahora pues, ve, y yo estaré con tu boca y te enseñaré lo que has de decir.

Moisés debe haber sentido que lo habían arrojado de la sartén al fuego. Era un "hombre buscado" por haber matado a un capataz egipcio y haber huido de Egipto al desierto. Sin embargo, Dios le estaba ordenando que regresara y se enfrentara al único hombre que debía evitar a toda costa. Esto era como entrar voluntariamente en las llamas que seguramente lo consumirían. Es un sentimiento que todo creyente enfrenta cuando se le da una tarea grande de parte de Dios.

La Debilidad es Necesaria Para el Empoderamiento Divino

Moisés era tan humano como tú, por eso su primera respuesta fueron las excusas. Siempre somos rápidos para señalar nuestras inhabilidades: "No soy elocuente. No es mi don. Me falta confianza o experiencia".

Todas estas cosas pueden ser ciertas, pero excluyen el principio del empoderamiento divino.

Nuestras debilidades no son obstáculos para los propósitos de Dios. Bien pueden ser la base de nuestro éxito. Aunque el mundo puede considerar esto como una tontería, Dios deja muy en claro en la Biblia que su poder se manifiesta más en la mayor debilidad.

Gedeón y David son ejemplos perfectos. Cuanto más débiles seamos y más honestos seamos acerca de nuestras deficiencias, más espacio le permitiremos a Dios actuar. El poder de Dios siempre se mueve para llenar el espacio que deja nuestra debilidad cuando confiamos en Él.

Nuestra Necesidad de Empoderamiento Divino es la Razón por la que Somos Elegidos.

A Moisés le llevó mucho tiempo "convertirse" en la persona que Dios necesitaba que fuera.

Moisés tuvo un comienzo terrible. Moisés tenía un decreto de muerte antes de nacer. Por providencia de Dios, fue sacado de una canasta y criado en el palacio donde pasó 40 años.

Hechos 7:22: "Moisés fue educado en toda la sabiduría de los egipcios y era poderoso en palabra y acción."

A pesar de haber sido criado como un príncipe, tuvo que perder la arrogancia y la confianza en sí mismo que le daba una posición privilegiada en la casa de Faraón. Cometió un terrible error y tuvo que huir, temeroso por su vida, dejando todo atrás. Finalmente, tuvo que soportar largas y solitarias horas cuidando cabras en el desierto. Moisés tuvo que ser llevado a un lugar de absoluta debilidad antes de que pudiera recibir el poder divino y ser usado por Dios.

En lo natural, Dios buscaría al hombre más seguro, elocuente, experimentado y valiente para Su obra. En cambio, elige a un asesino y a un hombre despojado de toda capacidad humana y con un impedimento del habla, para enfrentarse a uno de los más grandes líderes mundiales de su tiempo. ¿Por qué? Porque le había llevado toda una vida llevar a Moisés al punto de la debilidad total y la dependencia absoluta de Dios. Cuando no somos nada, Dios se convierte en todo. Cuando reconocemos honestamente que no tenemos lo que se necesita, estamos listos para el empoderamiento divino.

La fragilidad humana, la gloria de Dios y el empoderamiento divino:

En un nivel puramente práctico, la debilidad es una necesidad porque si confiamos en nuestras habilidades, vamos a confiar en nosotros mismos y en nuestras propias habilidades. En el momento en que no necesitamos el empoderamiento divino de Dios, lo excluimos de la ecuación de nuestro destino.

Como seres humanos, no tenemos lo que se necesita. No conocemos el alcance total de los planes y propósitos de Dios. No sabemos qué se necesita para llevarlos a cabo, y no sabemos cómo ni cuándo. En nuestra ignorancia, caemos en la presunción y, o bien lo arruinamos o nos interponemos en Su camino.

Como seres humanos, disfrutamos del éxito y los logros, y disfrutamos especialmente de saber que "lo logramos". El orgullo es, en esencia, robar la gloria de Dios para nosotros mismos. La Biblia nos dice que Él no compartirá Su gloria, y mucho menos permitirá que la secuestremos. La debilidad absoluta ante Dios y la confianza total en Su poder divino es la única manera de evitar la trampa del orgullo. Es la única manera de que Dios reciba toda la gloria que merece.

Nuestras limitaciones humanas no deben ser una excusa para desobedecer a Dios al igual que Moisés, podemos inventar cualquier cantidad de excusas para no ser obedientes. Dios escuchó todo lo que Moisés dijo, pero Su respuesta fue: Ve. Ve significa comenzar a moverte, comenzar a hablar, comenzar a hacer sin importar los miedos o las deficiencias. Si respondemos dando un paso de fe, Él responderá liberando el poder divino.

Muchas de nuestras excusas parecen muy válidas. La realidad es que el poder divino usa lo poco que tenemos. Toma una semilla de mostaza y la transforma en un árbol enorme. La triste realidad es que queremos esperar hasta que estemos equipados, lo que simplemente retrasa nuestro viaje indefinidamente porque nunca estaremos completamente equipados. El empoderamiento divino se libera en el momento en que lo necesitamos, no con anticipación para que podamos tenerlo empacado y listo cuando partamos. Dios nos pide que vayamos. Retrasarnos es desobediencia.

Un Ejemplo Perfecto de Empoderamiento Divino:

Dios sabía que, como nosotros, Moisés necesitaba aliento, por lo que le proporcionó una promesa, una que dependía completamente de la palabra "ve".

La promesa era esencialmente empoderamiento divino en aquellas áreas en las que tenía carencias. Lo que Dios estaba diciendo era "ve, luego yo te proveeré todo lo que necesitas".

Dios todavía opera según este principio hoy. Él no cambia; nuestra tarea es dar un paso de fe. Todo lo demás depende de Dios, pero podemos estar absolutamente seguros de que Su empoderamiento divino será glorioso y abundantemente suficiente para cada minuto del viaje.

Que Dios nos perdone cuando nos hemos demorado o hemos puesto excusas, concentrándonos en nosotros mismos y nuestras propias fragilidades en lugar de en Su poder y propósito.

Señor, danos la fe para actuar en obediencia, conscientes de nuestras debilidades y fragilidades, pero seguros de que tu poder divino ya está en acción en el poderoso nombre de Jesús. Amen

Escrituras Para Meditar Sobre el Empoderamiento

Deut 31:6: "Sed fuertes y valientes. No temáis ni os desaniméis ante ellos, porque el Señor vuestro Dios es quien va con vosotros. No os dejará ni os desamparará."

Hechos 1:8: "Pero recibiréis poder cuando haya venido sobre vosotros el Espíritu Santo, y seréis mis testigos en Jerusalén, en toda Judea, en Samaria y hasta lo último de la tierra."

Juan 4:4: "Hijitos, vosotros sois de Dios y los habéis vencido, porque mayor es el que está en vosotros que el que está en el mundo."

Lucas 10:19-20: "Mirad, os he dado potestad de hollar serpientes y escorpiones, y sobre todo poder del enemigo, y nada os dañará. Pero no os regocijéis de que los espíritus se os sometan, sino regocijaos de que vuestros nombres están escritos en los cielos."

Filipenses 4:13: "Todo lo puedo en Cristo que me fortalece."

Tito 2:12: "Enseñándonos a vivir en este siglo sobrio, justo y piadosamente, renunciando a la impiedad y a los deseos mundanos."

Josué 1:9 "Yo te mando que seas fuerte y valiente. No temas ni desmayes, porque el Señor tu Dios estará contigo dondequiera que vayas."

2 corintios 4:16-18: "Por eso no desmayamos. Aunque nuestro hombre exterior se va desgastando, nuestro hombre interior se renueva de día en día. Porque esta leve tribulación momentánea produce en nosotros un eterno peso de gloria que sobrepasa toda comparación; no mirando nosotros las cosas que se ven, sino las que no se ven. Pues las cosas que se ven son temporales, pero las que no se ven son eternas."

Santiago 1:5: "Si alguno de vosotros tiene falta de sabiduría, pídala a Dios, el cual da a todos abundantemente y sin reproche, y le será dada."

Isaías 41:10-13: "No temas, porque yo estoy contigo; no desmayes, porque yo soy tu Dios que te esfuerzo, siempre te ayudaré, siempre te sustentaré con la diestra de mi justicia. He aquí que todos los que se enojan contra ti serán avergonzados y confundidos; serán como nada y perecerán los que contienden contra ti. Buscarás a los que contienden contigo, pero no los hallarás; serán como nada los que te hacen la guerra. Porque yo, el Señor tu Dios, te sostengo de la mano derecha; soy yo quien te dice: "No temas, yo soy tu ayudador."

Una Oración Por el Poder Espiritual (Efesios 3:14-21)

Alguien dijo una vez: No oren por vidas fáciles; oren para ser personas más fuertes. No oren por tareas que sean iguales a sus poderes; Orad por poderes que estén a la altura de vuestras tareas.

En la epístola escrita a los Efesios, hay dos tipos de oraciones:

"Una Oración Por Iluminación Espiritual" (1:15-23) y "Una Oración Por Poder Espiritual" (3:14-21).

Una cosa es saber quiénes somos en Cristo, y otra cosa es vivir de acuerdo con ello. Se puede saber mucho sobre algo, pero nunca ponerlo en práctica. Se puede saber mucho sobre la Biblia, pero nunca poner en práctica sus verdades. El conocimiento intelectual no es suficiente. Debemos poner en práctica lo que sabemos para convertirnos en cristianos plenamente funcionales.

Orad por progreso en la espiritualidad, por una comprensión más profunda y por crecimiento en la piedad.

Aprendamos a vivir como herederos de las insondables riquezas de Dios. Orad para que Dios os capacite para vivir de acuerdo con la riqueza espiritual que Él dispensa en vuestro nombre en Cristo. Somos templo del Espíritu Santo (Romanos 8:9, 10; 1 Corintios. 6:19) y cuando Cristo mora en nosotros por el Espíritu (Juan. 14:16-18) nos fortalece.

Habitar tiene el sentido de estar en casa, establecido, residente. Para que Cristo habite en nuestros corazones debemos someternos al poder del Espíritu. Para ser Su hogar, nuestros corazones deben ser limpiados para que se adapten a Él y la basura de nuestras vidas debe ser expulsada. Nuestro alimento espiritual debe ser puro y saludable; nuestras actividades deben contar con Su aprobación.

... para que, habiendo sido arraigados y cimentados en amor... (17b).

Y cuando ores... Pide una comprensión más profunda (17b) Y es solo a través de nuestra conexión con Dios que nuestra comprensión se profundiza en cuanto a las bendiciones espirituales que son nuestras en Cristo.

Capítulo 4: Mayordomía

La manera de prosperar es ayudar a otros a prosperar, la manera de florecer es ayudar a otros a florecer; la manera de realizarse es gastarse. - Cornelius Plantinga

Es un principio del Reino que todo lo que sembramos, cosechamos.

La buena mayordomía reconoce que todo es un regalo de Dios. Jesús enseñó que, como discípulos, nuestra responsabilidad es reconocer a Dios como el Proveedor y la fuente de todas nuestras posesiones; nuestro llamado es ser dadores generosos.

Un buen mayordomo da su tiempo, talento, oraciones y recursos financieros con un espíritu dispuesto y alegre. Ser un dador generoso es una respuesta tanto espiritual como física a la bondad de Dios.

Cualidades de un Buen Mayordomo

Un buen mayordomo es compasivo, contento, generoso, agradecido, amoroso, leal, obediente, devoto, confiable y responsable. Los tales hacen sacrificios y comparten con los demás. Con demasiada frecuencia consideramos la corresponsabilidad simplemente como una cuestión de dar a Dios, pero este aspecto es secundario. Antes de poder dar, debemos poseer, y antes de poseer, debemos recibir. Por lo tanto, la administración consiste en recibir los buenos y abundantes dones de Dios en primer lugar. Y una vez recibidos, esos dones no deben utilizarse únicamente para nuestro propio bien.

También deben usarse para el beneficio de los demás y, en última instancia, para la gloria de Dios el dador.

El mayordomo necesita una mano abierta para recibir de Dios y luego una mano activa para dar a Dios y a los demás.

- Murray J. Harris

La mayordomía no es solo parte de una buena vida, es la buena vida. Dios nos ha confiado la vida, el tiempo, los talentos, el dinero, las posesiones, la familia y su gracia. En cada caso, Él evalúa cómo usamos lo que nos ha confiado.

Nuestra mayordomía en la tierra es breve y el peor pecado contra la buena mayordomía es desperdiciar la vida. La buena mayordomía es más que una responsabilidad; es un privilegio y una prueba de nuestra fe.

Jesús habló más sobre el dinero que sobre cualquier otra cosa porque la verdadera naturaleza de un hombre está en la importancia que le da al dinero. Es un índice del verdadero carácter de un hombre. A lo largo de todas las Escrituras hay una correlación íntima entre el desarrollo del carácter de un hombre y cómo maneja el dinero.

Nadie se ha vuelto pobre por dar. No somos cisternas hechas para acumular; somos canales hechos para compartir. Una vez fui joven y ahora soy de mediana edad, pero ni una sola vez he sido testigo de que Dios no supliera mis necesidades cuando le di prioridad al avance de Su obra.

Hace varios años, fui a ministrar al sur de Texas y me quedé en una casa rodante con otros dos pastores. Cuando estaba a punto de viajar a Houston para otra fase del ministerio, decidí sembrar semillas en las vidas de los pastores con los que me había estado quedando. Pero justo antes de irme, uno de ellos me conectó con una pareja de Houston. Cuando llegué a Houston, después de ministrar en cierta iglesia, esa pareja vino y me eligió. Esta pareja ha sido una tremenda bendición en mi vida y ministerio durante muchos años. Me han conectado con muchos otros ministerios con los que de alguna manera nos hemos convertido en familia. Dios nunca me ha fallado en Su promesa, así que no puedo fallar en mi servicio a Él.

La única administración correcta es la que se prueba por la regla del amor. En una iglesia saludable, la buena administración libera los dones, talentos y pasiones que Dios nos dio, y que transforman las comunidades.

Nunca hubiera podido diezmar el primer millón de dólares que gané si no hubiera diezmado mi primer salario, que era de $1.50 por semana. - John D. Rockefeller.

La Buena Administración le Da Verdadero Significado a la Vida.

Invertir en la obra del Señor y en Su pueblo es la única inversión que pagará dividendos cada vez mayores en esta vida y en el más allá. Debemos practicar la administración tanto de la influencia como de la riqueza. Cuando utilizas lo que Dios te da, Él te provee más de ello. La tierra y todo lo que hay en ella son del Señor, por lo tanto, cada día de trabajo debe ser un día del Señor, cada cena es una cena del Señor, cada trabajo un cumplimiento de la tarea divina.

ALGUNAS DE MIS CITAS FAVORITAS SOBRE LA MAYORDOMÍA:

La mayordomía es una asociación con Dios.
— Autor Desconocido

Diezmar no es dar, es traer. – Autor Desconocido

La mayordomía comienza con el amor, no con el dar.
— Autor Desconocido

Damos por la razón o por revelación."- Autor Desconocido

Las personas más felices de la tierra son las personas que han descubierto la alegría de dar.
— Autor Desconocido

A menudo, un corazón frío y una mano tacaña van juntos.
— Autor Desconocido

Cuanto más apasionada sea nuestra fe, más consistente será nuestra donación.   – Autor Desconocido

La persona que espera hacer mucho bien a la vez nunca hará nada. -Samuel Johnson

El hombre más rico en la estimación del mundo es el que más ha obtenido. El hombre más rico en la estimación del Cielo es el que más ha dado. - F.B. Meyer

Puedes dar sin amar, pero no puedes amar sin dar.
                                        - Amy Carmichael

El comienzo de la ansiedad es el final de la fe, y el comienzo de la verdadera fe es el final de la ansiedad. - George Mueller

Nos ganamos la vida con lo que recibimos, pero hacemos una vida con lo que damos.   - Winston Churchill

La gente generosa rara vez está enferma mentalmente.
                                        - Carl Meninger

No me digas que estás confiando en Dios hasta que le confíes tu billetera. - J. Vernon McGee

El dinero está tan íntimamente relacionado con el poseedor, que no podemos dar dinero sin darnos a nosotros mismos.
                                        – Autor Desconocido

Lo que a menudo esperamos que Dios haga por nosotros, Él lo quiere hacer a través de nosotros.
                                        – Autor Desconocido

Dios promete satisfacer todas tus necesidades, no todas tus codicias. – Autor Desconocido

Los mandamientos de Dios son las habilitaciones de Dios.
                                        – Autor Desconocido

Nuestra vida debe ser como un río, no un embalse.
– Autor Desconocido

Nada nos lleva a la realización de nuestras prioridades mejor que escuchar lo que Dios tiene que decir sobre el tema del dinero. - Autor Desconocido

Dar no es una cuestión de poder o no poder, sino de querer o no querer. - Autor Desconocido

Yo saco la pala, Él mete la pala. Él tiene una pala más grande.
- Autor Desconocido

La raíz de la palabra miserable es avaro. - Autor Desconocido

Usa tu riqueza para influencia eterna. - Autor Desconocido

Donde no hay interés, no hay inversión. - Autor Desconocido

La fe no es una pastilla que tomas; es un músculo que usas.
- Autor Desconocido

La fe escucha lo inaudible, ve lo invisible, cree lo increíble y recibe lo imposible. - Autor Desconocido

Una visión que no es digna de sacrificio no es una visión como la de Cristo. -Autor Desconocido

El Señor ama al dador alegre, pero lo aceptará de un gruñón.
- Autor Desconocido

El legalismo se centra en lo poco que hay que dar; El amor se centra en cuánto puedo dar.   - Autor Desconocido

Da mientras estás vivo para que sepas a dónde va.
– Autor Desconocido

No puedes llevártelo contigo, pero puedes enviarlo antes.
– Autor Desconocido

La mayordomía no se trata de recaudar dinero; se trata de criar cristianos que confíen voluntariamente en Dios.
-Autor Desconocido

Dar no es una deuda que debes; es una semilla que siembras.   -Autor Desconocido

Mucha gente está dispuesta a darle crédito a Dios, pero pocos están dispuestos a darle dinero en efectivo.
– Autor Desconocido

El dinero es un artículo que puede usarse como pago universal para todo excepto el Cielo, y un proveedor universal para todo excepto la felicidad.   -Wall Street Journal

Da según tus ingresos, para que Dios no haga que tus ingresos sean según tus donaciones.   - Autor Desconocido

La fe fuerte ve el dar como una oportunidad.
– Autor Desconocido

Todo lo que podemos tener en nuestras manos muertas es lo

que hemos regalado.

- Autor Desconocido

Algunos cristianos dan a la obra del Señor semanalmente; otros dan débilmente.   -Autor Desconocido

Escrituras Sobre la Mayordomía Para Meditar:

1 Pedro 4:10 - "Cada uno según el don que haya recibido, minístrelo a los otros, como buenos administradores de la multiforme gracia de Dios"

Génesis 1:28 – "Y los bendijo Dios, y les dijo: Fructificad y multiplicaos; llenad la tierra, sojuzgadla, y señoread en los peces del mar, en las aves de los cielos, y en todas las bestias que se mueven sobre la tierra."

Génesis 2:15 – "Tomó, pues, el Señor Dios al hombre, y lo puso en el huerto de Edén, para que lo labrara y lo guardase."

2 corintios 9:6-7 – "Pues el que siembra escasamente, también segará escasamente; y el que siembra generosamente, generosamente también segará. Cada uno dé como propuso en su corazón, no de mala gana ni por obligación, porque Dios ama al dador alegre."

Colosenses 3:23 – "Y todo lo que hagáis, hacedlo de corazón, como para el Señor y no para los hombres."

Lucas 16:11- "Pues si en las riquezas injustas no fuisteis fieles, ¿quién os confiará las verdaderas?"

Proverbios 16:3 – "Encomienda al Señor tu trabajo, y tus planes serán afirmados."

Una de las mayores crisis que enfrenta la iglesia hoy es la falta de buenos administradores. Los líderes quieren aferrarse a Dios mientras se aferran a las cosas del mundo con otra mano. Los recursos que se filtran a través de las iglesias se han convertido en herramientas de enriquecimiento personal. Puede que lleve un tiempo, pero los buenos administradores siempre verán su recompensa mientras que los malos administradores lo perderán todo.

Que nuestra oración sea siempre: "Señor, hazme un buen administrador".

Capítulo 5: El Sacrificio

Nada Grande se ha Logrado Sin Sacrificio.

Sacrificar significa destruir o rendirse para obtener algo. Es renunciar a favor de un objeto superior o más imperativo; es dedicarse, con pérdida o sufrimiento.

Desde el principio, los sacrificios tendieron a incluir derramamiento de sangre. En el Nuevo Testamento, la noción de sacrificio se alejó de esta tradición hacia lo espiritual. Sin embargo, la sangre sigue siendo un componente clave en la comprensión del sacrificio cristiano. La crucifixión de Jesús fue el "sacrificio perfecto".

Marcos 12:43-44 - "Llamando a sus discípulos, Jesús dijo: Les digo que esta viuda pobre echó en el arca más que todos los demás. Todos dieron de lo que tenían; pero ella, de su pobreza echó todo, todo lo que tenía para vivir".

Ese día en particular, Jesús observó cómo la gente estaba dando ofrendas en el templo. Los vio poner dinero en las cajas de ofrendas.

Entonces vino una viuda pobre. No tenía mucho, solo un par de monedas muy pequeñas. Pero ella dio lo que tenía. No lo hizo por espectáculo. No tenía intención de competir con los donantes más grandes. Tampoco lo hizo por obligación. No había ninguna exigencia de darlo todo. Lo hizo por amor a Dios; queriendo darle todo lo poco que tenía. ¡Qué legado nos dejó esta pobre viuda! Tu destino en la vida exige tu participación sacrificial.

El único que notó su donación fue probablemente Jesús. No hay forma de saber si ella siquiera sabía que Jesús se había fijado en ella. Pero Jesús reunió a sus discípulos y la elogió por lo que había hecho. Si bien el valor monetario de su ofrenda fue mínimo, Jesús dijo que ella dio más que cualquier otra persona, porque ella dio todo, no de lo que le sobraba.

No importa cuánto demos, ya sea nuestro dinero, nuestro tiempo o nuestros talentos. Lo que importa es la generosidad con la que damos. El que da con sacrificio de lo poco que tiene, ha dado más que el que da abundantemente, pero a bajo costo para sí mismo.

El hombre mira lo externo, pero Dios mira y recompensa el corazón.

HECHOS SOBRE EL SACRIFICIO

1. No es un sacrificio si no lo has renunciado voluntariamente.

2. El ayuno es un sacrificio, pero si ayunas porque no tienes nada para comer, no es un ayuno: es una condición. Te estás sometiendo a una condición; no te estás sacrificando para obtener resultados.

3. No es un sacrificio si no hay elección. El sacrificio es una elección.

4. No puedes sacrificar lo que no es tuyo. Cuando ofreces tu

tiempo voluntariamente para trabajar en la iglesia todo el día porque no tienes nada que hacer, no es un sacrificio de tiempo.

Cuando entregas el control de algo que es tuyo para que ya no puedas usarlo con fines egoístas, entonces es sacrificio.

2 Samuel 24:24 – "Pero el rey respondió a Arauna: "No, insisto en pagarte por ello. No sacrificaré al Señor mi Dios holocaustos que no me cuesten nada".
David compró la era y los bueyes, y pagó por ellos cincuenta siclos de plata.

5. Nunca puedes sacrificar lo que nunca has tenido. Si nunca te has casado, no puedes renunciar a la vida matrimonial por Dios. Además, si nunca has tenido riquezas, no puedes renunciar a tu dinero por Dios.

6. Nada de importancia espiritual viene sin sacrificio. Cuando damos a Dios de nuestra abundancia, le estamos dando algo que no usaremos para nosotros mismos. Cuando Jesús vio al hombre rico dando dinero en el Templo, no se impresionó. Pero cuando una viuda pobre dio todo lo que tenía, se impresionó con su sacrificio.

7. Tu espiritualidad siempre se medirá por el tamaño de tu sacrificio. No es lo que le das a Dios lo que cuenta, sino lo que te queda.

8. Toda la vida es un intercambio. Por eso debes sacrificar algunas cosas para ganar otras. Cuando eres joven, debes sacrificar el placer con tus amigos para obtener una educación

universitaria.

9. La persona que llega a la cima en los negocios debe trabajar duro para llegar allí.

10. Como el sacrificio es una elección, decide qué es lo que nunca sacrificarás. La persona que es hombre de Dios no sacrificará su lealtad a Cristo, no sacrificará a su familia ni sacrificará sus principios intrínsecos.

El sacrificio de Jesús

En la primera generación después de la muerte de Jesús, el apóstol Pablo escribió: "Porque yo os he enseñado primeramente lo que asimismo recibí: Que Cristo murió por nuestros pecados, conforme a las Escrituras; que fue sepultado, y que resucitó al tercer día." (1 Corintios 5:3-4.)

La muerte de Cristo fue el sacrificio de sangre final, que sustituyó la necesidad de los sacrificios de animales ofrecidos en el pasado por el sumo sacerdote:

"Por tanto, teniendo un gran sumo sacerdote que traspasó los cielos, Jesús, el Hijo de Dios... porque permanece para siempre, tiene un sacerdocio eterno." (hebreos 4:14, 7:24).

Cristo fue tanto sacerdote como víctima sacrificial.

Como cristianos, pasamos de la noción del sacrificio animal al autosacrificio. Los métodos por los cuales nos presentamos como purificados del pecado, podrían entenderse como una forma de sacrificio. Como cristianos, creemos que uno solo puede obtener la redención a través del sacrificio de Cristo.

Romanos 12:1-2 – "Por lo tanto, hermanos, tomando en cuenta las misericordias de Dios, les ruego que cada uno de ustedes, en adoración espiritual, ofrezca su cuerpo como sacrificio vivo, santo y agradable a Dios. No se amolden a este mundo, sino transfórmense mediante la renovación de su mente. Así podrán comprobar cuál es la buena voluntad de Dios, agradable y perfecta."

El poder del sacrificio

Todo lo que vale la pena es cuesta arriba, nada de valor es fácil. Las cosas preciosas de la vida requieren algo a cambio. Estamos llamados a tomar decisiones difíciles en la vida. A veces los sacrificios son duros y agotadores, pero tenemos que "renunciar" para "subir".

Creo que, sin importar cuán desafiante sea el sacrificio, terminarás entendiendo que valió la pena, para llevar tu vida al siguiente nivel.

Creo que gran parte de nuestro éxito en la vida proviene de apoyarnos en los hombros de quienes se sacrificaron por nosotros. El sacrificio es la base del liderazgo y de los hombres y mujeres que tienen una mentalidad orientada al destino. Para hablar de sacrificio, debemos pensar en la SEMILLA.

Capítulo 6: El Principio de la Semilla

Tres claves para el principio de la semilla de la fe:

Mateo 17:20: Si tenéis fe tan pequeña como un grano de mostaza... nada os será imposible.

Todo en la vida comienza con una semilla, incluidas las cosas que recibimos por fe.

Génesis 8:22: "Mientras exista la tierra, la cementera y la cosecha... no cesarán".

La ley eterna de la siembra y la cosecha, la siembra y la cosecha, el dar y el recibir no cambiará mientras la tierra exista.

Cuando ponemos nuestra fe en las manos de Dios como una semilla que plantamos, le estamos dando algo con qué trabajar y Él enviará el milagro que necesitamos. No importa cuán pequeña parezca nuestra fe, suplirá necesidades y resolverá problemas que parecen tan imposibles de mover como montañas.

El principio de la fe semilla en la Biblia contiene tres claves simples:

1. Reconoce que Dios es tu fuente.

Santiago 1:17 Todo don bueno y perfecto desciende de lo alto, del Padre de las luces celestiales, el cual no cambia como las sombras cambiantes.

Filipenses 4:19 dice: "Mi Dios suplirá todo lo que os falta conforme a sus riquezas en gloria en Cristo Jesús".

Dios utilizará muchos instrumentos diferentes para suplir nuestras necesidades (un trabajo, médicos, amigos, familiares e incluso enemigos), pero sólo Él es la fuente, y sólo Él no puede fallar.

2. El Suelo

Una semilla tiene potencial, pero es pasiva hasta que se conecta con el suelo. Una semilla sólo será productiva cuando se siembra en buena tierra.

3. El Sembrador

Da primero, para que te sea devuelto. Lucas 6:38 dice: "Dad, y se os dará". Primero debemos plantar una semilla de fe para que Dios pueda multiplicarla para satisfacer nuestra necesidad. Jesús está hablando de dar en el sentido más profundo de la palabra: entregarnos a Dios.

Esto incluye todo lo que podamos dar: amor, tiempo, paciencia, perdón, finanzas, oración y cualquier otra cosa que podamos tener. Nuestras donaciones reflejan nuestra confianza en Dios y nos vinculan a sus recursos inagotables para cada una de nuestras necesidades.

Jesucristo tuvo la habilidad única de tomar escenas de la vida cotidiana y usarlas para enseñar verdades espirituales profundas.

Jesús usó esta imagen común para enseñar a quienes lo escuchaban acerca de la condición del corazón humano. Siempre es necesario examinar tu corazón para ver qué tipo de suelo eres.

I. EL SEMBRADOR DEBE TENER UN PLAN

A. El sembrador tiene la intención de sembrar y recoger una cosecha. Espera obtener una ganancia de la cosecha que está sembrando. Así como un sembrador siembra la semilla esperando una cosecha abundante que traerá riquezas y honor al agricultor, todo lo que sembramos con fe traerá una cosecha.

Juan 12:24 De cierto, de cierto os digo: si el grano de trigo no cae en la tierra y muere, queda solo; pero si muere, produce mucha semilla.

Jesús se veía a Sí mismo como una semilla para ser plantada y nosotros los creyentes somos la cosecha.

II. LA SEMILLA TIENE POTENCIAL

A. Cada semilla que es sembrada por el sembrador tenía el potencial de producir mucha más semilla. Una pequeña semilla tenía el potencial de multiplicarse en un 30%, 60% y hasta en un 100%. La semilla tenía el potencial de reproducirse muchas veces (Mateo 13:8, 23).

B. La semilla tiene el potencial de comenzar siendo pequeña y reproducirse mucho.

C. Cuando la semilla del Evangelio encuentra un lugar para alojarse en un corazón que ha sido arado por la gracia de Dios, germinará y dejará ese corazón cambiado para siempre, produciendo una cosecha de fruto espiritual para la gloria de Dios.

Él quiere producir Su fruto en los corazones de Sus redimidos. El tipo correcto de fruto Él producirá dentro de nosotros, cuando seamos el tipo correcto de suelo con el tipo correcto de semilla: nos volveremos más como Él, nos comportaremos más como Él y sentiremos una carga por los perdidos como Él.

III. LOS SUELOS TIENEN PROBLEMAS

A. La semilla del sembrador cayó en cuatro tipos distintos de suelos. La condición en la que se encontraba este suelo cuando la semilla cayó en él determinó su potencial para producir una cosecha adecuada. El Señor en Su gracia permite que la semilla del Evangelio caiga sobre todo tipo de corazones. Lo que hace que el corazón sea incapaz de recibir la semilla es su condición.

B. Considere qué tipo de suelo es usted mientras exploramos los versículos a continuación:

1. El suelo duro – Mat 13:4, 19 – El "borde del camino" se refiere a los senderos estrechos que corrían al lado y a través de los campos. Esto habla de una persona que escucha el Evangelio pero no lo "entiende". Es decir, no puede conectar las afirmaciones del Evangelio con su propia vida. Cuando esto sucede, el diablo arrebata la semilla desviando la mente y haciendo que la persona se endurezca aún más contra Dios.

2. El suelo pedregoso – Mat 13:5-6; 20-21 – Este suelo se ve bueno y productivo y la semilla que se siembra aquí germinará y rápidamente se convertirá en una planta prometedora. Pero, como no hay profundidad de suelo, tan pronto como el sol cae sobre la planta tierna, se marchita y muere sin producir ningún fruto.

¡Estas son las personas que pueden mostrar señales de vida en el Señor, pero cuando el cristianismo no resulta como pensaban que lo haría, rápidamente se desvanecen y desaparecen!

3. La tierra espinosa – Mat 13:7, 22 – Esta tierra parece que también está lista para ser sembrada, pero debajo de la superficie están las raíces vivas y las semillas de espinos y malezas. La misma tierra comienza a producir espinos y malezas que ya estaban allí, y pronto ahogan la planta tierna. Esta planta se marchita y muere sin producir ningún fruto. Esta es una imagen de un corazón que intenta tener el beneficio del Evangelio mientras todavía se aferra a las espinas del pecado.

4. La buena tierra – Mat 13:8, 23 – Finalmente, algunas semillas cayeron en buena tierra. Esta tierra había sido trabajada y preparada. Esta es una imagen del corazón que ha sido arado profundamente por la Palabra de Dios. Es una imagen de un corazón que ha sido cultivado y preparado por la gracia de Dios. Cuando la semilla del Evangelio toca este tipo de corazón, germina, crece y da fruto para la gloria de Dios. ¡Este corazón por sí solo refleja el tipo de vida que verdaderamente puede llamarse salva!

La única diferencia entre estos suelos era el fruto. En el suelo duro, la semilla no penetraba, sino que desaparecía, siendo removida por las aves. En los otros tres suelos, la semilla desaparecía dentro de la tierra. En los últimos tres suelos, surgió una planta, ¡pero solo el buen suelo produjo una cosecha!

¿Puedes ser honesto contigo mismo y hacerte las siguientes preguntas?
- ¿Qué tipo de tierra es mi corazón?
- ¿Me he endurecido a las cosas de Dios?
- ¿Soy superficial en mi compromiso con Él y Su obra?
- ¿Estoy constantemente distraído, agobiado y derrotado por el pecado y las preocupaciones del mundo?
- ¿Estoy dando el tipo de fruto que debería dar?

Creo que sabes dónde estás parado con el Señor Jesucristo. La parábola del sembrador se aplica a nosotros y una vez que la semilla de la palabra encuentra buena tierra, la cosecha es inevitable. Pero también quiero considerar la siembra de semillas en términos de nuestra vida generosa hacia Dios y los demás.

EL PODER DE LA SEMILLA

Considera las siguientes escrituras:

Proverbios 11:24-25 – "Uno da con liberalidad, pero recibe más; otro retiene indebidamente, pero termina en pobreza.25 El generoso prosperará; el que repone a otros será reponedor."

Marcos 4:26-29 – "También dijo: «Así es el reino de Dios: un hombre echa semilla en la tierra; de noche y de día, ya sea que duerma o se levante, la semilla brota y crece, aunque él no sepa cómo. La tierra por sí sola produce grano: primero la espiga, luego la espiga, luego el grano lleno en la espiga. Cuando el grano está maduro, se le mete la hoz, porque ha llegado la siega».

Gálatas 6:6-10 - "Sin embargo, el que recibe instrucción en la palabra, comparta toda cosa buena con el que lo instruye. No os dejéis engañar: Dios no puede ser burlado. El hombre siega lo que siembra. El que siembra para agradar a su carne, de la carne segará perdición; el que siembra para agradar al Espíritu, del Espíritu segará vida eterna. No nos cansemos de hacer el bien, porque a su debido tiempo segaremos, si no nos damos por vencidos. Así que, según tengamos oportunidad, hagamos bien a todos, y mayormente a los de la familia de la fe."

Cuando damos para la obra de Dios, podemos esperar una bendición a cambio. El principio de siembra y cosecha fue establecido por Dios cuando creó la tierra. Se introduce en Génesis 1:29 - "He aquí que os he dado toda planta que da semilla..."

"Si el grano de trigo no cae en la tierra y muere, queda solo; pero si muere, lleva mucho fruto" (Juan 12:24). El principio de sembrar y cosechar funciona en todos los ámbitos de la vida. Como un agricultor que planta una semilla, debemos esperar recibir una cosecha cuando damos para el reino de Dios. ¡Jesús no fue simplemente a la cruz para morir! ¡Soportó la cruz porque esperaba cosechar una cosecha de almas!

Abraham no solo ofreció a Isaac, creyendo que perdería a su hijo para siempre. Esperaba plenamente que Dios resucitara a Isaac de entre los muertos (hebreos 11:17-19).

La semilla tiene un código genético en su interior para recrear la planta de la que provino.

Aunque la semilla puede permanecer sin plantar durante años, no pierde su poder una vez que está en un lugar seguro. Se sabe que las semillas de trigo de las tumbas del antiguo Egipto producen trigo después de 3000 años. La semilla está bajo las órdenes de Dios, para hacer el trabajo para el que fue creada.

La semilla debe ser plantada para que produzca crecimiento:

La semilla no crecerá hasta que se coloque en la tierra. Cuando se siembra una semilla, desaparece.

Debemos plantar nuestras semillas si queremos que crezcan. La semilla se multiplicará cientos de veces si se le permite crecer.

Todo aquel que siembra semillas debe esperar recibir una cosecha.

Debemos obedecer a Jesús cuando nos dice que demos.

Jesús le dijo al joven rico que diera todas sus posesiones (Marcos 10:17-21).

Este joven amaba el dinero y las cosas más que a Dios. Sabía en su corazón que algo faltaba en su vida. Le pidió a Jesús que lo ayudara.

El joven no escuchó a Jesús y se alejó. No comprendió que Jesús estaba tratando de hacerlo más rico.

Si el joven hubiera dado su dinero como Jesús le indicó, habría sido como plantar semillas de dinero. El joven habría recibido incalculables cosas buenas en esta vida y tesoros aún mayores en el cielo. (Marcos 10:29-30). Fue su avaricia la que acortó su destino.

Las tormentas y las sequías pueden destruir las cosechas terrenales, pero debemos recordar que cuando damos al reino de Dios, hay protección sobre nuestra siembra y cosecha.

DOS DIMENSIONES

Lo físico es un resultado de lo espiritual. Lo tangible es una manifestación de lo intangible. El orden superior de la ley está en el ámbito del espíritu. Hebreos 11:3 - "Por la fe entendemos que el universo fue formado por la palabra de Dios, de modo que lo que se ve no fue hecho de lo que se ve". Esto significa que usted puede enmarcar su destino según los principios que se encuentran en la palabra.

LA SEMILLA ES LA CLAVE

Lucas 17:6 - "Si tuvieseis fe como un grano de mostaza, podríais decir a este sicómoro: Desarráigate, y plántate en el mar; y os obedecería".

El énfasis en las escrituras anteriores no está en el tamaño, sino en el "proceso de crecimiento de la fe".

En otras palabras, la fe comienza como una semilla en el espíritu de uno. El concepto aquí es sembrar la semilla de la Palabra de Dios en el espíritu humano y esto generará fe según el tipo de semilla que fue sembrada.

"Así que la fe es por el oír, y el oír, por la palabra de Dios", Romanos 10:17. Así es como viene la fe, al plantar una semilla de la Palabra en nuestro espíritu.

Jesús no dijo que nuestra fe debe ser del tamaño de un grano de mostaza en Lucas 17:6, sino que estaba dando a entender que debe comenzar como un grano de mostaza.

El concepto de la semilla es cómo se planta, cómo se debe regar en tierra fértil y cómo se debe nutrir. La fe se desarrolla en el espíritu humano como resultado de la siembra de la palabra injertada o implantada en él.

Santiago 1:21 - "Recibid con mansedumbre la palabra injertada, la cual puede salvar vuestras almas".
Mateo 17:20 - "Jesús les dijo: Por vuestra poca fe; porque de cierto os digo que si tuviereis fe como un grano de mostaza, diréis a este monte: Pásate de aquí allá; y se pasará; y nada os será imposible".

Jesús usa la alegoría de la semilla de mostaza en referencia a la fe y no se menciona el tamaño.

La fe es algo que debemos aprender a desarrollar como semilla. La Palabra de Dios germinada en el espíritu del creyente no sólo producirá un carácter semejante al de Cristo, sino que producirá una fe semejante a la de Cristo, porque Él es la Palabra hecha carne.

La semilla de la serpiente, sembrada en nuestro ser, producirá los efectos opuestos: duda, temor, confusión, enfermedad, pobreza y, por supuesto, mal carácter, celos, envidia, contiendas, etc.

Gálatas 5:19-21 - "Y manifiestas son las obras de la carne, que son: adulterio, fornicación, inmundicia, lascivia, idolatría, hechicerías, enemistades, pleitos, celos, iras, contiendas, disensiones, herejías, envidias, homicidios, borracheras, orgías y cosas semejantes a estas; acerca de las cuales os amonesto, como ya os lo he dicho antes, que los que practican tales cosas no heredarán el reino de Dios".

La semilla de la palabra de Dios, por otro lado, producirá el fruto del espíritu.

Gálatas 5:22-23 - "Mas el fruto del Espíritu es amor, gozo, paz, paciencia, benignidad, bondad, fe, mansedumbre, templanza".

En Gálatas 6:7-9, el concepto de sembrar y cosechar indica claramente el proceso del Principio de la Semilla. Jesús dijo: "ARREPENTÍOS", la palabra griega usada para arrepentirse era "metanoia", que significa dar un giro de 180 grados mentalmente. Jesús sabía que si pensabas de manera diferente, actuarías de manera diferente.

La transformación es el resultado de la renovación de la mente.

Romanos 12:2 - "Y no os conforméis a este siglo (refiriéndose a la era en la que vivimos), sino transformaos (Gr. Metamorphoo - transformación completa y total de adentro hacia afuera, como la metamorfosis de una oruga en mariposa), mediante la renovación de vuestra mente (el intelecto o mente racional consciente en donde se calculan y toman las decisiones a través de un acto de la voluntad).

Filipenses 4:8, para reflexionar: "Todo lo que es virtuoso, puro, honesto, de buen nombre".

2 Timoteo 1:13 - "Retén la forma de las sanas palabras". Observe que las palabras tienen forma. Se "forman" dentro de nosotros y producen fruto.

Efesios 4:17: "Esto, pues, digo y requiero en el Señor: que ya no andéis como los otros gentiles, que andan en la vanidad de su mente".

Observe que es la mente la que les hace andar en vanidad. Es lo que está en su mente lo que ellos están haciendo.

Versículo 18: "Teniendo el entendimiento entenebrecido, ajenos de la vida de Dios por la ignorancia que en ellos hay, por la dureza de su corazón".

Las palabras claves aquí son entendimiento e ignorancia. Estas palabras, que se refieren a la mente, ilustran aún más que la mente es el punto central del ser del hombre.

Versículo 19: "Los cuales, habiendo perdido toda sensibilidad, se entregaron a la lascivia para cometer con avidez toda clase de inmundicia; pero no habéis aprendido así a Cristo".

Observe que hay que aprender a Cristo. Cristo no sólo es Dios encarnado, sino que es la Palabra hecha carne y debemos aprender Su Palabra que renueva la mente.

Versículos 21-24 "... renovaos en el espíritu de vuestra mente, y vestíos del nuevo hombre, creado según Dios en la justicia y santidad de la verdad."

Esta es otra confirmación de que la renovación de la mente es el sencillo plan de Dios para despojarnos de lo viejo y vestirnos del nuevo. Colosenses 2:8-10, "y huecas sutilezas según las tradiciones de los hombres, conforme a los rudimentos del mundo, y no según Cristo; porque en él habita corporalmente toda la plenitud de la deidad, y vosotros estáis completos en él, que es la cabeza de todo principado y potestad."

A través de la voluntad, el hombre decide qué semilla va a plantar, cultivar y hacer crecer, utilizando la mente para sembrar una semilla corruptible para la carne o una semilla incorruptible para el espíritu.

Gálatas 6:7 - "No os engañéis; Dios no puede ser burlado; pues todo lo que el hombre sembrare, eso también segará." Todo lo que sembréis, eso segaréis. En otras palabras, cualquier tipo de semilla que sembremos en nuestro interior, es el tipo de fruto que vamos a obtener.

El diablo, como sabemos, también está plantando su semilla.

Mateo 13:25 – "Pero mientras los hombres dormían, vino su enemigo y sembró cizaña entre el trigo, y se fue."

El sembrador simplemente siguió su camino después de haber sembrado la semilla, y esta se reprodujo por sí sola. Esa es la naturaleza de la semilla.

Dios está sembrando semillas a través de la predicación, la enseñanza, la evangelización y otros medios diversos, incluido su entorno. Él está tratando de transmitirle Su pensamiento para que permita que entre en su corazón.

Lo que debe tener en cuenta aquí es: Satanás también nos impone su semilla, pero recuerde que usted tiene la última palabra. Debe decidir qué semillas se van a plantar en usted. Dios está proporcionando la semilla para que usted la siembre en usted mismo y en los demás. Él ha sembrado su semilla y ha producido descendencia gracias a ella. Usted permanece libre en su decisión de permitir que esa semilla germine.

2 Corintios 9:10 - "Y el que suministra semilla al sembrador, y pan para vuestro alimento, suministrará, y multiplicará vuestra sementera, y aumentará los frutos de vuestra justicia."

El enemigo ha perpetuado su semilla, su mentira, sobre la tierra.

Juan 8:44 "Vosotros sois de vuestro padre el diablo, y los deseos de vuestro padre queréis hacer. El ha sido homicida desde el principio, y no ha permanecido en la verdad, porque no hay verdad en él. Cuando habla mentira, de suyo habla; porque es mentiroso, y padre de mentira."

1 Pedro 5:8 - "Sed sobrios, y velad; porque vuestro adversario el diablo, como león rugiente, anda alrededor buscando a quien devorar."

La semilla del diablo está directamente asociada con la naturaleza caída del hombre y por ello produce las obras de la carne. (Gálatas 20:23)

El hombre está compuesto de tres partes: espíritu, alma y cuerpo (gr. pneuma, psuche, soma). Las tres partes de tu ser forman una sola persona completa.

1 Tesalonicenses 5:23 - "Y el mismo Dios de paz os santifique por completo; y todo vuestro ser, espíritu, alma y cuerpo, sea guardado irreprensible para la venida de nuestro Señor Jesucristo."

Originalmente, Dios quiso que el hombre anduviera por Su Espíritu, la lámpara del Señor,

Proverbios 20:27, "Lámpara de Jehová es el espíritu del hombre, que escudriña lo más profundo del vientre."

Después de la caída, el hombre entró en la oscuridad y la mentira se sembró en su carne y su naturaleza caída comenzó a crecer. El espíritu murió por la desobediencia a Dios y el hombre se dejó llevar por sus apetitos carnales. Por lo tanto, Dios tuvo que destruir la tierra con un diluvio.

Génesis 6:17 - "Y he aquí, yo traigo un diluvio de aguas sobre la tierra, para destruir toda carne."

Ahora podemos ser cambiados en nuestro hombre interior al reconocer quiénes somos en Cristo.

Debemos ocuparnos de las cosas del Espíritu,
Romanos 8:5-6, "Porque los que son de la carne piensan en las cosas de la carne, pero los que son del Espíritu, en las cosas del Espíritu; porque el ocuparse de la carne es muerte, pero el ocuparse del Espíritu es vida y paz".

Estaba ilustrando el hecho de que la mente consciente es el punto a través del cual se siembra la semilla y se adhiere a ella.

CULTIVAR:

Después de plantar una semilla, debemos cultivarla y cuidarla, o morirá. Si no lo hacemos, habremos desperdiciado nuestro tiempo tratando de hacer crecer esa semilla dentro de nosotros.

Según Webster, cultivar significa (1) preparar y usar (suelo, tierra, etc.) para el crecimiento de los cultivos, para labrar; (2) romper la superficie del suelo alrededor de las plantas para destruir las malas hierbas, evitar la formación de costras y preservar la humedad.

La palabra de Dios en Jeremías 4:3 dice: "Porque así dice Jehová a todo varón de Judá y de Jerusalén: Haced barbecho, y no sembréis sobre espinos."

En Oseas 10:12, el profeta dice: "Sembrad para vosotros en justicia, segad para vosotros en misericordia; haced barbecho para vosotros, porque es el tiempo de buscar a Jehová, hasta que venga y os envíe justicia".

El cultivo es básicamente un proceso doble, el primero es la preparación del suelo, y el segundo es el cuidado de la semilla sembrada. Al preparar el suelo, que es nuestro corazón, hay varias actitudes que debemos mezclar dentro de nosotros para fertilizar y romper el barbecho. Son la humildad, la sinceridad, la honestidad, la tristeza según Dios y la paciencia.

1 Pedro 5:5 - "Asimismo, vosotros los más jóvenes, estad sujetos a los mayores. Sí, todos estad sujetos unos a otros, y revestíos de humildad; porque Dios resiste a los soberbios, y da gracia a los humildes."

Santiago 3:14 - "Pero si tenéis celos amargos y contiendas en vuestros corazones, no os jactéis, ni mintáis contra la verdad. Esta sabiduría no es la que desciende de lo alto, sino terrenal, animal, diabólica".

¡Así que vemos que estas cosas vienen de Satanás mismo y no de Dios!

ESCRITURAS PARA MEDITAR

Juan 10:10 - "El ladrón no viene sino para hurtar y matar y destruir; yo he venido para que tengan vida, y la tengan en abundancia."

3 Juan 2 - "Amado, yo deseo que tú, aunque seas prosperado en todas las cosas, tengas salud, así como prospera tu alma."

2 corintios 8:9 - "Porque ya conocéis la gracia de nuestro Señor Jesucristo, que por amor a nosotros se hizo pobre, siendo rico, para que vosotros con su pobreza fueseis enriquecidos."

2 Timoteo 1:7 - "Porque no nos ha dado Dios espíritu de cobardía, sino de poder, de amor y de dominio propio."

Gálatas 3:14 - "Para que en Cristo Jesús la bendición de Abraham alcanzase a los gentiles, para que por la fe recibiésemos la promesa del Espíritu."

Mateo 7:11 - "Pues si vosotros, siendo malos, sabéis dar buenas dádivas a vuestros hijos, ¿cuánto más vuestro Padre que está en los cielos dará buenas cosas a los que le pidan?"

Filipenses 4:19 - "Mi Dios, pues, suplirá todo lo que os falta conforme a sus riquezas en gloria en Cristo Jesús." Meditar sobre quién es Dios y lo que le agrada, ayudará a cultivar un ambiente adecuado para que la semilla germine.

GERMINACIÓN DE LA SEMILLA:

Cuando se siembra la semilla, comienza a germinar, y comenzará el proceso de multiplicación.

Sueños, visiones, fruto, felicidad, gozo, paz, salvación, sanidad y amor, comienzan a propagarse muy rápidamente a medida que sus semillas germinan. Las iglesias crecen, los negocios crecen y los individuos crecen en diferentes áreas.

Por otro lado, una semilla negativa también puede crecer, como dijo Pablo, cuando una semilla germina produce una raíz, y si la raíz resulta ser una raíz de amargura, muchos se contaminan por ella.

Hebreos 12:15, "Mirad bien, no sea que alguno deje de alcanzar la gracia de Dios; que brotando alguna raíz de amargura, os estorbe, y por ella muchos sean contaminados."

De la misma manera, si es una buena raíz, muchos son bendecidos por ella.

Porque lo que sucede en la raíz crece hasta convertirse en una entidad que da fruto.

Marcos 4:27-28 - "Porque la tierra produce fruto por sí misma: primero hierba, luego espiga, después grano lleno en la espiga. Y cuando el fruto está producido, enseguida se mete la hoz, porque la siega ha llegado."

Fíjese que dijo que la tierra produce fruto por sí misma, en el versículo 27 y en el versículo 28, él no sabe cómo.

En otras palabras, no depende de nosotros hacer que la semilla crezca. Depende de nosotros plantarla y Dios hará que produzca fruto, algunos treinta, algunos sesenta y algunos cien veces más.

Somos esa tierra en la que Dios siembra Su palabra antes de que nos convirtamos en sembradores de semillas. Cada uno de nosotros es un almacén móvil de semillas que deben sembrarse, dondequiera que estemos. El plan de Dios para nosotros es muy poderoso, pero muy simple. Su plan es que aprendamos este principio de la semilla, lo internalicemos, lo practiquemos y luego lo enseñemos a otros.

PACIENCIA Y RESISTENCIA:

La mayoría de las personas se dan por vencidas demasiado pronto y pierden, porque no ven resultados inmediatos, o se vuelven de doble ánimo y obstaculizan la cosecha.

Santiago 1:7-8 dice: "¡Ni siquiera piensen que recibirán si son de doble ánimo!"

No construyan su destino sobre las emociones, construyan sobre la verdad. Cuando construyen sobre las emociones, esa es una puerta abierta para el doble ánimo, no recibirán nada. Dios le dijo a Abraham que lo multiplicaría como la arena del mar y como las estrellas del cielo.

Génesis 15:5-6 NVI- "Lo llevó afuera y le dijo: «Mira el cielo y cuenta las estrellas, si es que puedes contarlas». Luego le dijo: «Así será tu descendencia». 6 Abram creyó al Señor, y él se lo contó por justicia."

Esto debía ser mediante el principio de la semilla.

Dios comenzó con Abraham; Abraham tuvo el hijo de la promesa. Isaac tuvo dos hijos, Jacob y Esaú. Jacob tuvo doce hijos, que produjeron las doce tribus de Israel, y la curva exponencial siguió su curso.

OBSTÁCULOS PARA EL CRECIMIENTO:

Una vez que una semilla germina, el crecimiento es tan lento al principio que nos sentimos tentados a dudar y darnos por vencidos.

Estos son algunos de los obstáculos:

A. Engaño –

Toda guerra se basa en el engaño. Por lo tanto, cuando podemos atacar, debemos parecer incapaces; cuando usamos nuestras fuerzas, debemos parecer inactivos; cuando estamos cerca, debemos hacer creer al enemigo que estamos lejos; cuando estamos lejos, debemos hacerle creer que estamos cerca." - Sun tzu,

Marcos 4:14 - "...cuando oyeron, Satanás vino inmediatamente y se llevó la palabra que fue sembrada en sus corazones."

La palabra estaba en sus corazones, pero Satanás la robó, de la misma manera que robó la palabra de Eva, a través del engaño. Cuando llega una prueba, Satanás nos dirá cosas como, "No puedes lograrlo".

Satanás es el maestro del engaño y si puede encontrar una

manera de hacerte dudar de la palabra de Dios y de tu sueño, ahí es cuando puede robártelo.

No confíes en tus sentidos, ellos te engañarán y Satanás robará la semilla. Déjate llevar por lo que sabes en tu interior que es verdad, no por lo que sientes. Mantente firme en la verdad de lo que originalmente viste que era verdad. Cuando las luces parezcan apagarse, ten la seguridad y cree que todo lo que necesitas sigue estando ahí.

B. Rechazo

Marcos 4:16-17 - "... cuando viene la tribulación o la persecución por causa de la Palabra, luego tropiezan". El rechazo es una de las cosas más difíciles de aceptar para una persona, pero recuerda que incluso Cristo fue rechazado y continuamente nos advierte que otros nos rechazarían, porque un siervo no está por encima de su amo.
Jesús dijo que, si te rechazan, lo están rechazando a Él, no a ti.

Si es un sueño lo que estás tratando de compartir, recuerda que están rechazando el sueño y no a ti personalmente. Nunca tomes el rechazo como algo personal. Todos quieren ser favorecidos, pero créeme, una vez que hayas soportado el rechazo y comiences a experimentar la prosperidad del principio de la semilla, esas mismas personas que te rechazaron estarán revoloteando a tu alrededor. Son las aves del cielo que vienen a tratar de encontrar alojamiento en las sombras de tus ramas.

Marcos 4:32 - "Pero después de sembrado, crece, y se hace la mayor de todas las hortalizas, y echa grandes ramas, de tal manera que las aves del cielo pueden morar bajo su sombra."

Sembrar, germinar y cultivar semillas es un tiempo solitario, por eso David dijo: "Siembra con lágrimas", pero saldrás victorioso. Dijo en Salmos 126:5: "Los que siembran con lágrimas, con regocijo segarán".

C. Zona de Confort (comodidad)

Marcos 4:18-19 - "...oís la palabra, pero los afanes de este siglo, el engaño de las riquezas y las codicias de otras cosas entran y ahogan la palabra, y se hace infructuosa". Este probablemente será el obstáculo más difícil de superar para ti. Los soñadores sueñan con riquezas y codician cosas. Están preocupados por las preocupaciones de este mundo y se consuelan con falsos sueños y falsas esperanzas, pero nunca se levantan para hacer algo porque tienen miedo de salir de su zona de confort.

Esta es la persona que enterró su talento en la parábola de los talentos que se encuentra en Mateo 25:24-28.

Prefiere codiciar las riquezas y preocuparse por las preocupaciones, en lugar de salir y hacer un esfuerzo consciente para hacer realidad su sueño. Observe que los versículos de Marcos no dicen las riquezas en sí, sino el engaño de las riquezas. No dice otras cosas, sino el deseo de otras cosas.

Tenga cuidado con la zona de confort. Salga de esa zona de confort. Al principio se sentirá inseguro, pero desarrollará confianza, su fe crecerá a medida que experimente el éxito y nunca querrá volver a esa zona nuevamente.

D. Desgaste: esta es una estrategia militar de desgastar al enemigo mediante pérdidas continuas en lo personal y lo material.

Marcos 4:20 - "Y éstos son los que fueron sembrados en buena tierra: los que oyen la palabra y la reciben, y dan fruto, uno a treinta, otro a sesenta, y otro a ciento por uno".

Observe que aquí la semilla sembrada cayó en buena tierra.

La semilla era la Palabra de Dios y, por supuesto, era buena. Había algo mal, de lo contrario, todo habría dado fruto al ciento por uno. Jesús nombra estos diversos niveles de aumento; comenzando con lo más pequeño, terminando con lo más grande.

Al principio, cuando estás desarrollando tu habilidad para sembrar semillas, es posible que no experimentes un gran éxito. La semilla es buena, la tierra es buena, tus habilidades para sembrarla y cultivarla pueden no ser tan buenas. Cuando eres un novato, experimentarás una tasa de deserción (tasa de fracaso) del 70% según el primer escenario. La tasa de éxito es solo del 30%

A medida que tu habilidad se desarrolla, comienzas a experimentar una tasa de desgaste del 40% y, finalmente, comenzarás a experimentar un éxito del 100%. Sin embargo, en el primer caso, tu factor de fracaso es mayor que tu factor de éxito y esto te desanimará, si lo permites.

Recuerda que tus habilidades crecerán, aprenderás qué fertilizante funciona, cuánta agua poner en la semilla, cuánta luz solar necesita, pero cuando ves una tasa de desgaste tan alta, puede ser desalentador. Satanás te dirá que no es rentable, que estás trabajando duro para nada. No creas las mentiras del diablo, según Cristo, eventualmente experimentarás un éxito del 100%.

Capítulo 7: Factores de Éxito

Para asegurar un crecimiento adecuado de la semilla que germina, existen ciertos factores de éxito.

A. Rodearte de un buen ambiente y de buenos amigos. Las cosas que ves y escuchas de manera casual son elementos muy importantes para nutrir la semilla. A través de este proceso absorberás el buen carácter de otros que han cultivado un buen carácter.

Salmos 1:1 - "Bienaventurado el varón que no anduvo en consejo de malos, Ni estuvo en camino de pecadores, Ni en silla de escarnecedores se ha sentado."

Las personas con las que te comunicas, aquellas a las que acudes en busca de consejo, deben ser personas que tengan una fe igualmente preciosa. No debes comunicar tus sueños o cosas que Dios ha revelado a personas que tratarán de obstaculizar tu fe o robar tu sueño. Sé perspicaz y perspicaz al compartir tus sueños o planes con los demás.

Jesús oró toda la noche antes de elegir a sus 12 discípulos para compartir su plan, e incluso entonces, uno de ellos lo traicionó. Ora antes de compartir tus sueños.

B. Escucharnos a nosotros mismos y a los demás.

Romanos 10:17 - "Así que la fe es por el oír, y el oír, por la palabra de Dios"

Marcos 4:24 - "Y les dijo: Mirad lo que oís; con la medida con que medís, os será medido; y a vosotros los que oís, se os añadirá más."

Salmos 1:2-3 - "Sino que en la ley de Jehová está su delicia, y en su ley medita de día y de noche. Será como árbol plantado junto a corrientes de aguas, que da su fruto en su tiempo, y su hoja no cae; y todo lo que hace, prosperará."

La palabra de Dios nos enseña a hablarnos a nosotros mismos. La palabra hebrea para meditar es "hagah", que significa reflexionar o imaginar murmurando para uno mismo (con placer o con ira).

Salmos 42:5, "¿Por qué te abates, oh alma mía? ¿Y por qué te turbas en mí? Espera en Dios; porque aún he de alabarle por la salvación de su rostro."

Efesios 5:19, "Hablando entre vosotros con salmos, con himnos y cánticos espirituales, cantando y alabando al Señor en vuestros corazones", nos exhorta a hacer lo mismo.

Cuando sientes que no puedes hacer algo o alguien te dice que no puedes hacer lo que Dios te está diciendo, puedes decirte a ti mismo: "Todo lo puedo en Cristo que me fortalece", Filipenses 4:13.

Esto cultivará, fortificará y regará la semilla en esa área en particular. Encuentra pasajes bíblicos u otras declaraciones que sean saludables y que se relacionen con el área en la que estás trabajando. Decretos, afirmaciones, profesiones o confesiones: ora y escribe algunas de ellas tú mismo integrándolas con referencias bíblicas. Colócalas en el espejo de tu baño, en la puerta del refrigerador o en el tablero del auto. Incluso puedes hacer un audio con tu propia voz diciendo las cosas que quieres decirte a ti mismo, acerca de ti mismo, de acuerdo con la Palabra de Dios y reproducirlos en tu tiempo de viaje hacia y desde el trabajo, o mientras haces las tareas del hogar.

C. Lo que vemos.

Jesús dijo que si tu ojo es sencillo, todo tu ser estará lleno de luz.

Mateo 6:22-23, "La lámpara del cuerpo es el ojo; así que, si tu ojo es sencillo, todo tu cuerpo estará lleno de luz; pero si tu ojo es maligno, todo tu cuerpo estará en tinieblas. Así que, si la luz que en ti hay es tinieblas, ¡cuántas no serán las mismas tinieblas!"

Lucas 11:34, "La lámpara del cuerpo es el ojo; así que, cuando tu ojo es sencillo, también todo tu cuerpo está lleno de luz; pero cuando tu ojo es maligno, también tu cuerpo está en tinieblas".

La palabra de Dios también dice que mantengamos Sus ideas ante nuestros ojos.

Proverbios 4:20-21 - "Hijo mío, está atento a mis palabras; Inclina tu oído a mis razones. No se aparten de tus ojos; guárdalas en medio de tu corazón".

No es de extrañar que Jesucristo nos diga que unjamos nuestros ojos con colirio.

Apocalipsis 3:18 - "Yo te aconsejo que de mí compres oro refinado en fuego, para que seas rico, y vestiduras blancas para vestirte, y que no se descubra la vergüenza de tu desnudez; y unge tus ojos con colirio, para que veas".

1 Juan 2:16 - "Porque todo lo que hay en el mundo, los deseos de la carne, los deseos de los ojos, y la vanagloria de la vida, no proviene del Padre, sino del mundo".

Se ha dicho que los ojos son las ventanas del alma. Los ojos, así como los otros cuatro sentidos, el gusto, el oído, el tacto y el olfato, son incursiones en el hombre interior.

D. Lo que pensamos.

Santiago 1:8, dice – "El hombre de doble ánimo es inconstante en todos sus caminos".

Si la mente es el campo de batalla, debemos aprender a controlarla. Incluso si nos encontramos haciendo algo que sabemos que Dios no querría que hiciéramos, nuestra mente debe estar llena del pensamiento de que nuestras actividades negativas están muertas y que somos una nueva persona en Cristo. Por lo tanto, Dios da gracia al creyente.

Nos da tiempo para realizar un cambio, y este viene a través de un cambio de mentalidad.

Piensa en cosas buenas. Piensa en lo que eres, no en lo queno eres, en lo que puedes hacer, no en lo que no puedes hacer. Piensa en lo que puedes tener, no en lo que no puedes tener.

Incluso sé Más aún, piensa en lo que tendrás, y todo sucederá inevitablemente.

Jesús le dijo a Pedro, cuando Pedro caminó sobre el agua y comenzó a hundirse, "¿Por qué dudaste?" (Mateo 14:31, "Y al instante Jesús, extendiendo la mano, lo asió, y le dijo:

¡Hombre de poca fe! ¿Por qué dudaste?"), la traducción griega es: "¿Por qué dudaste en tu mente?"

Aprende a mantener tu mente enfocada en la verdad. Aprende a mirar a Cristo y tu habilidad en Él. Imagínate a ti mismo con el ojo de tu mente como completo en Él, con todas las habilidades que tienes en Él. Los hijos de Israel, cuando siguieron a Moisés al salir de Egipto, limitaron a Dios a través de sus confesiones y su forma de pensar. Dudaron de la habilidad de Dios.

Aprende a hablar contigo mismo con tu propia mente.

Efesios 5:19, "Hablando entre vosotros con salmos, con himnos y cánticos espirituales, cantando y alabando al Señor en vuestros corazones".

Si alguien te menosprecia, contradícelo en tu propia mente. Si te dice que no puedes hacer algo que Dios te dijo que puedes hacer, no necesariamente tienes que reprenderlo abiertamente, pero en tu propia mente di: "No, no, lo voy a hacer, lo puedo hacer, y tú estás equivocado, y yo no recibo tu negatividad".

E. Lo que hacemos.

Pablo nos exhorta a no hacer nada más allá de nuestra fe en Romanos 12:6. Él dice que uno debe profetizar de acuerdo a su medida de fe. La experiencia del éxito es la forma más poderosa de terminar de arraigar el éxito en nosotros.

El fracaso duele y nos hace temer volver a intentarlo. Por lo tanto, es importante actuar, pero es igualmente importante actuar de acuerdo a la fe. En otras palabras, edifícate paso a paso. Si fueras a convertirte en un fisicoculturista o a levantar pesas, no comenzarías con pesas pesadas, sino que irías aumentando gradualmente. Lo mismo ocurre con la fe.

Santiago dijo: "la fe sin obras está muerta". La acción correspondiente a lo que creemos acelerará nuestro crecimiento. Cuando aprendemos a actuar según lo que sabemos que es verdad, entonces y solo entonces veremos resultados.

¡Llega un momento en el que debemos dar un paso adelante y comprobar la voluntad de Dios! Romanos 12:2, "No os conforméis a este siglo, sino transformaos por medio de la renovación de vuestro entendimiento, para que comprobéis cuál sea la buena voluntad de Dios, agradable y perfecta."

Descubrirás que comprobar la voluntad de Dios funciona en conjunto con la renovación de tu mente.

NO DESMAYES:

Gálatas 6:9 dice, "No nos cansemos, pues, de hacer el bien; porque a su tiempo segaremos, si no desmayamos."

Si no ves resultados inmediatos, no desistas. David escribió en Salmos 126:5, "Los que sembraron con lágrimas, con regocijo segarán. Irá andando y llorando el que lleva la preciosa semilla; mas volverá a venir con regocijo, trayendo sus gavillas."

Si sales y sigues sembrando, sin duda volverás y prosperarás como resultado. Puedes llorar mientras siembras tu preciosa semilla, pero sin duda te regocijarás cuando veas el fruto. Debes perseverar con paciencia.

Jesús sabía esto y soportó la vergüenza y el sufrimiento de la cruz por el gozo que le esperaba (Hebreos 12:2). Se vinculó a lo que iba a ser el resultado de ese sufrimiento, en lugar de vincular Su mente y corazón al sufrimiento. Entendió que Su propio ser era una semilla, que Él mismo se plantó, y como resultado de la siembra de esa semilla, Él produciría la descendencia de muchos hijos de Dios.

Romanos 8:29 - "Porque a los que antes conoció, también los predestinó para que fuesen hechos conformes a la imagen de su Hijo, para que Él sea el primogénito entre muchos hermanos".

Él sabía que habría un gran gozo al final, y se mantuvo enfocado en el gozo en lugar de en la tarea que tenía por delante. Mire más allá de la siembra, mire más allá del llanto, mire más allá de la decepción para enfocarse en lo que sabe que es verdad. Entrará en el reposo de Cristo.

Hebreos 4:11 - "Procuremos, pues, entrar en aquel reposo, para que ninguno caiga en semejante ejemplo de desobediencia".

Este es el único trabajo que Cristo espera de nosotros: trabajar para entrar en su reposo, trabajar hasta que veamos las cosas como Dios las ve, y luego observar cómo la curva exponencial explosiva comienza a entrar en juego.

Capítulo 8: Capacidad de Aprendizaje

"Valora tu tiempo de escucha y lectura aproximadamente diez veces más que tu tiempo de conversación. Esto te asegurará que estás en un camino de aprendizaje continuo y autosuperación". Gerald McGinnis

Dios es un maestro de maestros y odia la ignorancia. Una de las mayores causas de la perdición del pueblo de Dios es la falta de conocimiento.

Oseas 4:6 (Amplificada) – "Mi pueblo es destruido por falta de conocimiento [de Mi ley, donde revelo Mi voluntad]. Porque ustedes [la nación sacerdotal] han rechazado el conocimiento, Yo también los rechazaré para que no sean Mis sacerdotes. Como han olvidado la ley de su Dios, Yo también olvidaré a sus hijos."

La falta de conocimiento es tan mala que afecta a tu próxima generación. Tu mayor inversión debe ser en adquirir conocimiento.

Mis citas favoritas sobre la adquisición de conocimiento:

"Lo que cuenta es lo que aprendes después de saberlo todo". John Wooden

"Mientras estés verde, estarás creciendo. Tan pronto como estés maduro, comenzarás a pudrirte". - Ray Kroc

"Puedes aprender de cualquiera, incluso de tu enemigo".
                                                  - Ovidio

"El liderazgo y el aprendizaje son indispensables el uno para el otro". - John F. Kennedy

"Es mejor aprender tarde que nunca". -Publilius Syrus

"Cuanto más aprende uno, más comprende su ignorancia. Yo soy simplemente un hombre ignorante, tratando de disminuir mi ignorancia". - Louis L'Amour

"Un hombre puede aprender mucho si escucha, y si no aprendía nada más, estaba aprendiendo cuánto no sabía".
- Louis L'Amour

"Ser consciente de que uno ignora los hechos es un gran paso hacia el conocimiento." -Benjamin Disraeli

"Lo más importante de la educación es el apetito".
- Winston Churchill

"La educación es la capacidad de escuchar casi cualquier cosa sin perder el control ni la confianza en uno mismo".
- Robert Frost

"Sólo los ignorantes desprecian la educación".
- Publilius Syrus

"... la mente debe estar preparada para el conocimiento como se prepara un campo para sembrar, y un descubrimiento hecho demasiado pronto no es mejor que un descubrimiento que no se hizo en absoluto." - Louis L'Amour

"Nunca puedes aprender menos; solo puedes aprender más."
- Buckminster Fuller

"En un estado humilde, aprendes mejor. No puedo encontrar nada más emocionante sobre la humildad, pero al menos existe eso." - John Dooner
"

Tenemos un deseo innato de aprender, crecer y desarrollarnos sin fin. Queremos convertirnos en más de lo que ya somos. Una vez que cedemos a esta inclinación por la mejora continua e interminable, llevamos una vida de logros y satisfacciones sin fin." - Chuck Gallozzi

"El que deja de ser mejor deja de ser bueno." – Oliver Cromwell

"La capacidad y el gusto por la lectura dan acceso a todo lo que ya ha sido descubierto por otros. Es la clave, o una de las claves, para los problemas ya resueltos. Y no solo eso. Da gusto y facilidad para perseguir con éxito los problemas que aún no se han resuelto". - Abraham Lincoln

"Debes reconocer que la crítica no siempre es un desprecio. Si la tomas en serio, tal vez te guíe por el camino que debes seguir". - Joseph Flom

"Cuando alguien lo esté haciendo bien, cambia tu mentalidad de los celos a la curiosidad"   - Skip Prichard

La Verdad Sobre Ser Enseñable.

Los momentos de enseñanza pueden ser cualquier momento

en que tú y tu hijo se reúnan.

Deuteronomio 6:6-7 – "Estas palabras que yo te mando hoy, estarán [escritas] en tu corazón y en tu mente. Las repetirás a tus hijos [impresionando los preceptos de Dios en sus mentes y penetrando sus corazones con Sus verdades] y hablarás de ellas cuando te sientes en tu casa y cuando andes por el camino, cuando te acuestes y cuando te levantes."

Se dice que la experiencia es la mejor maestra, pero la experiencia solo enseña a los que se dejan enseñar. Todo el secreto del versículo anterior es ser enseñable. Para serlo, uno debe tener una mente dispuesta y ser humilde.

"Una vez que te pones a buscar momentos de enseñanza, los encontrarás en todas partes." -Dave Ramsey

"Lo que creo es que todas las personas de mente clara deben retener dos cosas a lo largo de sus vidas: curiosidad y capacidad de aprender." - Tina Brown

"Lo único más peligroso que la ignorancia es la simulación de ignorancia inteligente." -John Berridge.

"Mantén las comisuras de tu boca hacia arriba. Habla en un tono bajo y persuasivo. Escucha; sé enseñable. Ríete de las buenas historias y aprende a contarlas... Mientras seas verde, puedes crecer." - Robert Farrar Capon

Palabras para meditar sobre tener un espíritu enseñable:

Proverbios 12:1 - "El que ama la instrucción ama el conocimiento, pero el que aborrece la reprensión es estúpido."

Proverbios 13:18 – "Pobreza y deshonra vienen al que ignora la instrucción, pero al que atiende a la reprensión le honran."

1 Corintios 2:13-14 – "Y esto lo enseñamos con palabras, no enseñadas por sabiduría humana, sino que enseña el Espíritu, interpretando lo espiritual para los espirituales. El hombre natural no percibe las cosas que son del Espíritu de Dios, porque para él son locura, y no las puede entender, porque se han de discernir espiritualmente."

Proverbios 9:9 – "Da instrucción al sabio, y será más sabio aún; enseña al justo, y aumentará su saber."

2 Timoteo 3:16, 17 - "Toda la Escritura es inspirada por Dios, y útil para enseñar, para redargüir, para corregir, para instruir en justicia, a fin de que el hombre de Dios sea perfecto, enteramente preparado para toda buena obra."

2 Timoteo 2:2 - "Lo que has oído de mí en presencia de muchos testigos, esto encarga a hombres fieles que sean idóneos para enseñar también a otros."

Proverbios 4:5 - "Adquiere sabiduría, adquiere inteligencia; no te olvides, ni te apartes de las razones de mi boca."

CÓMO SER ENSEÑABLE SEGÚN PROVERBIOS

Si hay alguna cualidad que ayuda en todas las áreas de la vida, es ser enseñable.

Las personas enseñables no tienen que ser las más inteligentes para tener éxito, pero buscan aprender y crecer en todas y cada una de las situaciones.

Ser enseñable debe ser la cualidad fundamental para todos y especialmente para aquellos en roles de liderazgo. Si quieres crecer en la capacidad de ser enseñable, el mejor lugar al que recurrir es el libro de sabiduría de la Biblia, Proverbios.

Cómo ser enseñable:

1. Sé humilde. La humildad es una señal de una mente renovada. Estas son algunas de las maneras en que podemos practicar la humildad: Hablar lo menos posible de uno mismo y ocuparse de los propios asuntos.

No querer manejar los asuntos de los demás y evitar la curiosidad.

Aceptar las contradicciones y las correcciones con alegría. Pasar por alto los errores de los demás.

Aceptar los insultos y las injurias. Aceptar ser despreciado, olvidado y desagradable.

"Ser amable y gentil incluso bajo provocación. Nunca ponerse en evidencia en la propia dignidad." - Madre Teresa,

"No seas sabio a tus propios ojos; teme al Señor y apártate del mal. Será medicina para tu cuerpo y refrigerio para tus huesos". Proverbios 3:7-8

La humildad unida al temor del Señor da como resultado curación y refrigerio; algo que todos deseamos en mayor medida. Todos debemos esforzarnos por ser humildes en toda la vida, porque "Cuando viene la soberbia, viene también la deshonra, pero con los humildes está la sabiduría." Proverbios 11:2
"¿Ves a un hombre que se considera sabio? Hay más esperanza para el necio que para él." - Proverbios 26:12

La humildad es el punto de partida para la docilidad porque las almas dóciles saben que necesitan aprender. Las personas orgullosas piensan que saben más que todos los demás y que no necesitan aprender más. Las personas dóciles saben que siempre hay algo más que aprender de todos.

La persona humilde es consciente de sus debilidades y de sus puntos ciegos.

Una persona humilde es lenta para hablar y rápida para escuchar. (Santiago 1:19)

Una persona humilde reconoce sus fracasos. Y considera a los demás como superiores a sí misma. {vea Filipenses 2:3}

2. Busque activamente la sabiduría y la instrucción porque su vida depende de ello.

"El principio de la sabiduría es este: adquiere sabiduría, y todo lo que obtengas, adquiere inteligencia. Valórala mucho, y ella te ensalzará; te honrará si la abrazas. Pondrá sobre tu cabeza una guirnalda de gracia; te otorgará una hermosa corona."

Aférrate a la instrucción; no la dejes ir; Protégela, porque ella es tu vida." - Proverbios 4:7-9, 13

Quizás conozcas a alguien (o seas esa persona) que busca desesperadamente consejo cuando está en modo crisis, pero no busca la sabiduría cuando las cosas van bien. La Biblia llama a esa persona tonta. {vea Proverbios 1:7}. No seas como esa persona.

La sabiduría no llega por accidente. Debemos buscarla con todo nuestro corazón para crecer en todas las formas posibles. Esto significa tomarnos el tiempo para pensar en nuestra vida y nuestras relaciones a través del lente de las Escrituras, leer libros, escuchar a maestros sabios y decir "no" a las cosas que obstaculizan nuestra búsqueda de sabiduría.

Hay mucho engaño a nuestro alrededor, sin una búsqueda disciplinada de sabiduría e instrucción, corremos el riesgo de caer cautivos de mentiras y soluciones abreviadas a nuestros problemas. La búsqueda diligente de la sabiduría nos capacitará para actuar sabiamente y nos preparará para las dificultades de la vida.

Aquellos que buscan la sabiduría tienen las siguientes características:

Buscan intencionalmente mentores, libros, cursos y podcasts para crecer.

Memorizan versículos bíblicos y meditan en ellos para acumular sabiduría para el futuro.

Hacen preguntas a otros para mayor claridad y comprensión, en lugar de apresurarse a compartir una opinión sobre un asunto.

Piden ayuda a otros cuando la necesitan.

Crecen en el pensamiento crítico y se dan cuenta de que tomar la respuesta conveniente puede ser costoso.

"Retén la instrucción; no la dejes ir; guárdala, porque ella es tu vida." - Proverbios 4:13

3. Aprende de los maestros correctos.

Los necios crían la necedad y los sabios imparten sabiduría. Discierne quién enseña y quién no enseña sabiduría en sus palabras y acciones. Hay muchos necios de habla suave, así como personas sabias de voz suave.

"El que anda con sabios se vuelve sabio, pero el compañero de los necios sufrirá daño." - Proverbios 13:20

"El justo es guía para su prójimo, pero el camino de los malvados los extravía." – Proverbios 12:26

"Donde no hay dirección correcta, el pueblo cae; pero en la abundancia de consejeros hay seguridad". Proverbios 11:14

La Escritura es siempre una maestra confiable para impartir sabiduría sobrenatural." - 2 Timoteo 3:15.

Ora siempre para que Dios traiga a tu camino a personas sabias de las cuales aprender.

Proverbios 12:15 – "El camino de los necios les parece derecho, pero los sabios escuchan el consejo."

4. Recibe la corrección como una bendición.

"El oído que escucha la reprensión que da vida morará entre los sabios." - Proverbios 15:31.

"La reprensión cala más en el hombre entendido que cien azotes en el necio." – Proverbios 17:10

El que ignora la instrucción "se desprecia a sí mismo". Proverbios 15:32 y "es estúpido" -Proverbios 12:1.

La reacción natural a la corrección es a menudo ponerse a la defensiva, pero no debería ser así. Debemos recibir la corrección y tratar de crecer a partir de ella. Esto se aplica tanto a la reprensión positiva como a la crítica rebelde; recibir cualquiera de las dos es una oportunidad para examinarnos a nosotros mismos y crecer. Me digo a mí mismo que si recibo una crítica injusta que es 98% incorrecta, mi deber es reconocer mi 2% arrepintiéndome (cuando sea necesario) y tratando de crecer.

Proverbios 17:10 – "Las personas que aceptan la disciplina están en el camino de la vida, pero quienes ignoran la corrección se extraviarán."

Una oración para ser enseñable:

Señor, te alabo por ser el autor de toda verdad y te agradezco por la capacidad de aprender. Ayúdame a buscar humildemente la sabiduría y el aprendizaje para tu gloria y para servir a los demás. Guíame por tu Espíritu para buscar el crecimiento y evitar las cosas que lo obstaculizan. Ayúdame a recibir corrección y a crecer en sabiduría aprendiendo de ella. Elimina las tendencias necias y egoístas de mi corazón y mantén mis ojos en el Gran Maestro, Jesús. AMÉN

Capítulo 9: Integridad

"Al buscar personas para contratar, busque tres cualidades: integridad, inteligencia y energía. Y si no tienen la primera, las otras dos te matarán." - Warren Buffett

CONVIÉRTETE EN TU PROPIO MAYOR MODELO A SEGUIR

Todos admiramos y respetamos a las personas que tienen un cierto grado de éxito. Son los modelos y los que nos inspiran todos los días. Pero ¿cuántas de ellas poseen verdadera integridad?

Tener integridad significa hacer lo correcto de manera confiable. Es un rasgo de personalidad que admiramos porque significa que una persona tiene una brújula moral que no vacila. Literalmente significa tener un carácter "íntegro".

La integridad es tener un sólido conjunto de principios éticos, ser capaz de decir la verdad sin importar las consecuencias, admitir un error incluso si puedes salirte con la tuya sin hacerlo.

La integridad tiene que ver con hacer lo correcto; es ser incorruptible, honesto y, sobre todo, hacer todas estas cosas cuando nadie está cerca para verlo.

Queremos que todos los que nos rodean actúen con integridad; es un valor fundamental que los empleadores buscan al contratar personas. Dado que esto es lo que todos buscamos en los demás, es de esperar que esto también sea una prioridad en nuestras vidas.

Disfruta de esta colección de citas sobre integridad mientras te tomas un tiempo para reflexionar sobre tus acciones. Elige hacer siempre lo correcto y recuerda que el cambio comienza contigo.

"La grandeza de un hombre no está en la cantidad de riqueza que adquiere, sino en su integridad y su capacidad para afectar positivamente a quienes lo rodean." - Bob Marley.

"Aprendimos sobre la honestidad y la integridad: que la verdad importa... que no tomas atajos ni juegas según tu propio conjunto de reglas... y el éxito no cuenta a menos que lo ganes de manera justa." - Michelle Obama

"Vive de manera que cuando tus hijos piensen en justicia, cariño e integridad, piensen en ti." -H. Jackson Brown, Jr.

"Las personas íntegras y honestas no solo practican lo que predican, son lo que predican." -David A. Bednar

"La fuerza de una nación deriva de la integridad del hogar." - Confucio

"Una de las pruebas más verdaderas de la integridad es su rotunda negativa a comprometerse." -Chinua Achebe

"Honra tus compromisos con integridad." - Les Brown

"El camino correcto siempre se respeta. La honestidad y la integridad siempre se recompensan." -Scott Hamilton

"Cuando eres capaz de mantener tus más altos estándares de integridad, sin importar lo que hagan los demás, estás destinado a la grandeza." -Napoleon Hill

"La integridad es hacer lo correcto, incluso cuando nadie te está mirando." - C.S. Lewis

"Una vida vivida con integridad, incluso si carece de los adornos de la fama y la fortuna, es una estrella brillante cuya luz otros pueden seguir en los años venideros."
-Dennis Waitley

"La integridad sin conocimiento es débil e inútil, y el conocimiento sin integridad es peligroso y terrible."
- Samuel Johnson

"Es cierto que la integridad por sí sola no te convertirá en un líder, pero sin integridad nunca lo serás." - Zig Ziglar

"La integridad consiste en asegurarse de que lo que dices y lo que haces estén en consonancia." -Katrina Mayer

"No se puede, en términos morales, condenar a un hombre por cuidar su propia integridad. Es su claro deber."
-Joseph Conrad

"Debes hacerlo con clase e integridad. Si no, te arrastrarás por el barro." -Solomon Burke

"La imagen es lo que la gente piensa que somos. La integridad es lo que realmente somos". -John C. Maxwell

"La integridad de los hombres se mide por su conducta, no por sus profesiones." - Junius

"Ten el coraje de decir no. Ten el coraje de enfrentar la verdad. Haz lo correcto porque es correcto. Estas son las claves mágicas para vivir tu vida con integridad." -W. Clement Stone

"Con integridad, no tienes nada que temer, ya que no tienes nada que ocultar. Con integridad, harás lo correcto, por lo que no tendrás culpa." - Zig Ziglar

"La integridad no es algo que se muestra a los demás. Es cómo te comportas a sus espaldas." -Autor Anónimo

"Caracteriza a las personas por sus acciones y nunca te dejarás engañar por sus palabras." -Autor Anónimo

"La integridad es elegir el coraje en lugar de la comodidad; elegir lo que es correcto en lugar de lo que es divertido, rápido o fácil; y elegir practicar nuestros valores en lugar de simplemente profesarlos." - Brene Brown

"La integridad es elegir tus pensamientos y acciones en función de los valores en lugar de la ganancia personal."
-Autor Anónimo

"La sabiduría es saber el camino correcto a seguir. La integridad es tomarlo." - Autor Anónimo

"No importa cuán educado, talentoso, rico o genial creas que eres, la forma en que tratas a las personas lo dice todo. La integridad lo es todo."   -Autor Anónimo

"La integridad es un concepto de coherencia de acciones, valores, métodos, medidas y principios, expectativas y resultados. Puede considerarse como lo opuesto a la hipocresía."
-Autor Anónimo

"A quien sea descuidado con la verdad en asuntos pequeños no se le puede confiar cumplimiento de asuntos importantes."
-Albert Einstein

"Las cosas que haces cuando nadie te ve son las que te definen."   -Autor Anónimo

Respeto a quienes dicen la verdad, sin importar lo difícil que sea. La integridad lo es todo. Sé la misma persona en privado, en público y en lo personal. La excelencia es el resultado de la integridad habitual.

"Integridad es la capacidad de aceptar las propias decisiones y acciones pasadas y seguir adelante y actuar de acuerdo con los valores más profundos que uno tiene desde dentro."
-Lynne Namka

"Saber lo que es correcto no significa mucho a menos que hagas lo que es correcto."   -Franklin Roosevelt

"La gente puede dudar de lo que dices, pero siempre creerán lo que haces. La honestidad y la integridad son absolutamente esenciales para el éxito en la vida, y cualquiera puede desarrollar ambas cualidades. No hay valor más alto en nuestra sociedad que la integridad." -Arlen Specter

"Los verdaderos héroes están hechos de trabajo duro e integridad." -Hope Solo

ESCRITURAS PARA MEDITAR SOBRE LA INTEGRIDAD

Salmo 78:70-72 – "Escogió a David su siervo y lo tomó de los rediles. De apacentar las ovejas lo trajo para que fuera pastor de su pueblo Jacob, de Israel su heredad. Y David los pastoreó con integridad de corazón; con manos diestras los guió."

Proverbios 10:9 – "El que anda en integridad anda seguro, pero el que tuerce sus caminos será descubierto."

Proverbios 28:6 "Mejor es el pobre que anda en su integridad que el rico de caminos torcidos."

Proverbios 11:3 – "La integridad de los rectos los encamina, pero la perversidad de los traidores los destruye."

Proverbios 19:1 – "Mejor es el pobre que anda en su integridad que el de labios torcidos y necio."

Proverbios 20:7 – "El justo que anda en su integridad, ¡bienaventurados sus hijos después de él!"

1 Pedro 3:16 – "Tener buena conciencia, para que, en lo que calumnian de vosotros, queden avergonzados los que calumnian vuestra buena conducta en Cristo."

Capítulo 10: La Creación de Redes

"Tu red es tu patrimonio neto." - Porter Gale

La creación de redes es el intercambio de información e ideas entre personas con una profesión o interés especial en común, generalmente en un entorno social informal.

La creación de redes a menudo comienza con un único punto en común.

"Las personas más ricas del mundo buscan y crean redes, todos los demás buscan trabajo".

Robert Kiyosaki Armstrong Williams es otro firme creyente en la creación de redes como piedra angular del éxito monetario. Él ha explicado: La creación de redes es una parte esencial de la creación de riqueza. Es natural que las personas quieran conectarse entre sí. Sin embargo, lleva tiempo, algo que muchos de nosotros no tenemos debido a nuestras vidas ocupadas, familias y otros compromisos.

Beneficios de las redes sociales en la Biblia

La sirvienta de Naamán sabía que Eliseo podía curarlo de su lepra, así que le sugirió que fuera a ver al profeta. (2 Reyes 5)

Juan el Bautista cambió las vidas de sus discípulos, Andrés y Felipe, cuando los conectó con Jesús. Andrés presentó a Jesús a su hermano Pedro y Felipe presentó a Jesús a su amigo Natanael. (Juan 1:40-43).

Jesús se presentó a Santiago, Juan y Mateo. Mateo invitó a sus amigos recaudadores de impuestos y a otros a cenar para conocer a Jesús.

Cuatro amigos que habían oído hablar de Jesús llevaron a su amigo a Él para que fuera sanado (Marcos 2).

Hay innumerables personas que trajeron a sus enfermos a Jesús. Las mujeres trajeron a sus hijos para que los bendijera. El leproso se acercó a Jesús a pesar de que la sociedad los rechazaba y a veces los apedreaba porque se los consideraba impuros. La mujer cananea tuvo contacto directo con Jesús y, debido a su persistencia, su hija fue sanada.

El trabajo en red a veces requiere valentía: salir de la zona de confort y lanzarse. Hay aciertos y errores, pero no arriesgar significa no ganar. El trabajo en red le permite formar nuevas amistades y ayudar a las personas.

Los ministerios y los cristianos individuales necesitan trabajar en red entre sí. Establecer conexiones puede ayudar a fortalecer nuestra fe a medida que usamos estas redes sociales para animarnos y ayudarnos unos a otros. Además, las redes sociales son excelentes formas para que las familias y los amigos se mantengan en contacto.

El apóstol Pablo era muy bueno en la creación de redes. Se mantuvo en contacto con muchas personas a través de cartas. Le escribió a Filemón, alguien a quien nunca había conocido, en nombre de Onésimo, un esclavo fugitivo que se había convertido al cristianismo. Le escribió a Timoteo, un pastor de jóvenes, dándole instrucciones, consejos y aliento.

Se enteró de varios problemas en la iglesia de Corinto y escribió una carta de consejo. Escribió a otros cristianos en Roma. Escribió a las iglesias de Galacia, Éfeso y Colosas. Escribió a Tito, que estaba en Creta, dándole pautas para la predicación y describiendo los deberes de los ancianos y diáconos.

Pablo escribió algunas de sus cartas desde la prisión. Incluso conectó a los creyentes entre sí. Él encomendó a Febe, miembro de la iglesia en Cencrea, a la iglesia en Roma y les dio instrucciones de que la recibieran de una manera digna de los santos y la ayudaran en cualquier negocio que necesitara. "... porque ella ha ayudado a muchos y a mí mismo también" (Romanos 16:2). Les dio instrucciones de que también saludaran a otros creyentes que arriesgaron sus vidas por él (versículos 3-15).

Pedro y los otros discípulos se mantuvieron conectados después de que Jesús los dejó y su red creció. Y hoy, nosotros somos los beneficiarios de su red. Sigamos trabajando en red, difundiendo el Evangelio y llevando a más personas a Cristo.

DOS SON MEJORES QUE UNO

Eclesiastés 4:9-12 (Ampliada) – "Dos son mejores que uno porque tienen una recompensa más satisfactoria por su trabajo; porque si uno de ellos cae, el uno levantará a su compañero. Pero ¡ay del que está solo cuando cae y no tiene otro que lo levante! Otra vez, si dos se acuestan juntos, se calientan; pero ¿cómo se calentará uno solo? Y aunque uno puede vencer al que está solo, dos pueden resistirlo. Una cuerda de tres hilos no se rompe fácilmente." En Proverbios, Salomón enseña a sus hijos sabiduría práctica para vivir una vida pacífica y piadosa.

El libro de Eclesiastés es realmente un sermón escrito para advertirnos que no desperdiciemos nuestras vidas. Nos dirige a vivir una vida moldeada por valores piadosos, significado eterno y prioridades espirituales. Este es Dios llamándonos a todos a una vida significativa.

Aquí Salomón nos dice que, si vamos a vivir una vida que cuente, debemos valorar las relaciones más que las posesiones, y a las personas más que las cosas. Debemos deleitarnos en la comunión más que en el placer. Él señala este punto cuando dice: "dos son mejores que uno".

Hay momentos en que alguien puede ser herido, traicionado o abandonado por otro, pero Salomón ni siquiera reconoce eso en este principio.

Proverbios 18:1 – "El hombre que se aísla busca su propio deseo; Él se enfurece contra todo juicio sabio." No es sabio ni piadoso aislarse de otras personas. En el Jardín del Edén, lo único que Dios dijo que NO era bueno era que el hombre estuviera solo. Fuimos creados para la comunidad. Tanto en el Antiguo como en el Nuevo Testamento, la vida de fe debe vivirse con otros creyentes.

Razones por las que dos son mejores que uno:

1. Cuando vas a trabajar.

Eclesiastés 10:10 - "Si el hacha está desafilada, y no se afila su filo, hay que emplear más fuerza; pero la sabiduría produce éxito".

Ningún hacha puede afilarse sola. Si tienes una hacha desafilada, no importa cuán fuerte la golpees, no vas a lograr mucho. El principio es trabajar de manera más inteligente, no más dura. Eclesiastés 4:9 nos da una manera práctica de trabajar de manera más inteligente. NO TRABAJES SOLO.

El escritor aquí usa una imagen agrícola que describe a un trabajador en el campo. Se esfuerza y trabaja hasta el punto del agotamiento, porque si no trabaja, no habrá cosecha y su familia morirá de hambre.

La verdad es que se necesita trabajar duro para tener éxito. Obtener una buena educación es un trabajo duro, establecer una carrera exitosa es un trabajo duro, cultivar un matrimonio exitoso es un trabajo duro. Nadie puede tener éxito sin sacrificio. Criar hijos responsables, desarrollar relaciones significativas, hacer la obra del Señor requiere un trabajo desafiante. Este trabajo da sus frutos si eres lo suficientemente sabio como para no trabajar solo. Necesitas que otros te mantengan a la vanguardia.

Dos son mejores que uno porque tienen una buena recompensa por sus esfuerzos.

No has visto lo que Dios puede hacer en tu vida hasta que aprendas a humillarte lo suficiente como para estar en sociedad con otras personas.

2. Cuando te caes.

Los versículos 10-12 lo demuestran a través de la imagen de un viajero en el camino. El versículo 10 nos enfrenta a una amenaza que enfrenta cualquiera que se atreva a ponerse de pie y enfrentar el problema. Existe la posibilidad de caer mientras persigues tu destino.

No importa cuán experimentado, hábil o cuidadoso seas al caminar, aún podrías caer.

1 Corintios 10:12 - "Así que, el que piensa que está firme, mire que no caiga". El que está más propenso a caer es aquel que piensa que está tan firme que no puede caer.

Por eso, mejor que seas lento en señalar con el dedo o reírte de otras personas porque tú también puedes caer."

Eclesiastés 4:10 - "Porque si caen, uno levantará a su compañero. Pero ¡ay del que está solo y cuando cae no tiene otro que lo levante!"

El versículo no habla de la forma de la caída, las personas pueden caer de diferentes maneras. Uno puede caer por descuido, por pisar suelo resbaladizo o porque el enemigo lo empuja.

No se trata de un resbalón y tropiezo; se trata de un colapso total. En la vida puedes caer tan bajo, tan rápido que no sabrás qué pasó, y no podrás levantarte por ti mismo. Ninguno de nosotros está exento de fracasar. Ninguno de nosotros camina tan firmemente como para tener la confianza de que nunca caerá. Todos podemos caer en algún momento u otro.

Gálatas 6:1 – "Hermanos, si alguno fuere sorprendido en alguna falta, vosotros que sois espirituales, restauradle con espíritu de mansedumbre, considerándote a ti mismo, no sea que tú también seas tentado."

La palabra restaurar significa arreglar un hueso roto, significa curar un cuello roto. Reparas un hueso roto y curas un cuello roto, por la misma razón que tienes la intención de usarlo de nuevo.

Él dice que, si alguien cae, el negocio de la iglesia es la restauración, no la amputación. La iglesia debe estar marcada por la misericordia.

3. Cuando estás en el frío.

Eclesiastés 4:11 - "Además, si dos se acuestan juntos, se calentarán; pero ¿cómo se calentará uno solo?"

La imagen aquí es de un viajero que está en un largo viaje. La noche lo sorprende, hace frío y está oscuro, no hay posada ni casa a la vista para pasar la noche.

Entonces, debe dormir a la intemperie y hace tanto frío en la oscuridad de la noche que puede congelarse. Puede que lleve un abrigo y una túnica, pero el tiempo es tan severo que no le bastan. Sin embargo, su esperanza de supervivencia cambia si camina con alguien. Pueden acostarse uno al lado del otro y el calor de sus cuerpos puede mantenerlos calientes.

En el versículo 10, el escritor dice que necesitas compañer-ismo cuando caes, pero en el versículo 11 dice que necesitas compañerismo para no congelarte. La idea es: la vida te puede dejar en el frío.

4. Cuando estás en una pelea.

La parábola del buen samaritano en Lucas 10 relata la histo-ria del buen samaritano que se detiene para ayudar al hom-bre necesitado. El enfoque está en el hombre necesitado que, mientras viaja por el camino de Jericó, donde los ladrones rondaban, es atacado, golpeado y dejado por muerto.

Esta es la imagen del versículo 12. Aunque uno puede ser dominado por otro, dos pueden resistirlo. Y una cuerda de tres dobleces no se rompe fácilmente.

Dos son mejor que uno porque habrá momentos en la vida en los que sufrirás ataques personales. A veces serás atacado por personas que ni siquiera conoces.

Lo peor es cuando eres atacado por personas que conoces bien y que se supone que están caminando contigo. Estas pueden ser personas a las que ayudaste, estuviste allí para ellas, compartiste tu corazón con ellas y crees que están en la misma página caminando juntos.

Las personas que deberían estar de tu lado pueden terminar atacándote. En tales situaciones necesitas un buen Samarita-no.

EL TRABAJO EN RED ES CLAVE PARA EL ÉXITO

Características del trabajo en red exitoso:

No importa lo que hagas en la vida, el trabajo en red es fundamental para tu éxito. La fuerza de tu red puede determinar el éxito o el fracaso de tu búsqueda del destino.

Para casi cualquier definición de éxito que podamos identificar, existe un camino común para lograrlo: el trabajo en red. El éxito requiere cultivar relaciones que nos puedan ayudará avanzar o ascender a una posición más alta.

Las redes personales se han vuelto fundamentales para el éxito en el lugar de trabajo y el ministerio. Los investigadores dicen que el 85% de los empleos se obtienen a través del trabajo en red. Tu red personal es clave para tu éxito.

Los trabajadores en red exitosos descubren formas estratégicas de maximizar sus redes para resolver problemas, identificar oportunidades e implementar nuevas ideas. La innovación surge de acciones e interacciones inesperadas. Los trabajadores en red efectivos entienden qué se necesita resolver, quién está en la red de su equipo y qué puede ofrecer cada miembro de la red. También están dispuestos a servir a los demás. Cuando las personas se sienten apreciadas, es más probable que propongan sugerencias y ofrezcan recursos que aumenten la innovación.

Los *networkers* exitosos invierten un tiempo considerable en comprender la experiencia y las aspiraciones de quienes los rodean. No confían demasiado en las personas en las que hubieran confiado en puestos anteriores.

Los *networkers* exitosos saben que la colaboración es un desafío. Las investigaciones han demostrado que la mayoría de los trabajadores con conocimientos pasan el 85 % o más de su tiempo semanal en llamadas telefónicas, correo electrónico y reuniones.

Los *networkers* exitosos imponen una estructura al definir objetivos claros y establecer reglas sobre cómo interactúan y colaboran con los demás. Esto les permite centrarse en sus prioridades.

Muchos de nuestros movimientos y prioridades están impulsados e influenciados por las prioridades de otras personas. Los networkers exitosos tienen una sólida comprensión de su marca personal y la experiencia que quieren aportar a su red.

Realice inversiones en redes que promuevan el progreso de su propósito en la vida.

Los *networkers* exitosos controlan su tiempo. Crean bloques de tiempo dedicados exclusivamente a la familia y/o al placer para evitar el agotamiento.

Con el auge de las redes sociales y la comunicación virtual, es fácil utilizar métricas de vanidad para evaluar la fortaleza de su red. No se trata de cantidad; Se trata de calidad.

¿QUÉ HACER AL CREAR REDES CON OTROS?

Sea un donante. La eficacia no se basa en lo que puede obtener, sino en la generosidad.

Cuando creamos redes con la única intención de obtener algo, no tendremos éxito. Dar y recibir conecta a las personas, y esta conexión da lugar a un nuevo sentido de pertenencia. Concéntrese en los demás, pero sea estratégico.

No basta con ser un donante. Según Grant, hay dos tipos de donantes: los donantes desinteresados y los donantes ajenos. Los donantes desinteresados dejan todo para ayudar a los demás. Están tan comprometidos con ayudar a los demás que es fácil que se aprovechen de ellos.

Los donantes ajenos, por otro lado, están tan dispuestos a dar como los donantes desinteresados, pero son mucho más estratégicos. Se aseguran de que los demás no se aprovechen de ellos. Una excelente manera de ser un donante ajeno es ser amable y expresar un interés genuino en los demás.

"Puedes hacer más amigos en dos meses si te interesas por otras personas que en dos años si intentas que otras personas se interesen por ti." - Dale Carnegie

"He aprendido que las personas olvidarán lo que dijiste, olvidarán lo que hiciste, pero nunca olvidarán cómo las hiciste sentir." - Maya Angelou.

Desarrolla una conexión auténtica.

Las personas pueden notar y sabrán consciente o inconscientemente si estás realmente interesado en ellas o solo lo estás fingiendo para manipularlas o "obtener algo" de ellas. La autenticidad es el núcleo de todas las relaciones sólidas y duraderas.

"La mayor 'habilidad social' es un interés altamente desarrollado y auténtico en la *otra* persona." - Bob Burg.

Adopta una visión a largo plazo.

Las redes no se crean de la noche a la mañana, sino que se necesitan aproximadamente dos años antes de que las personas confíen en ti o en tu marca.

Desarrolla una red de amplio alcance.

Una red abierta es aquella en la que estás conectado a diferentes grupos de personas que no se conocen entre sí. Esto es diferente de una red cerrada en la que estás conectado a personas que probablemente se conocen.

"El *networking* no se trata solo de conectar personas. Se trata de conectar personas con personas, personas con ideas y personas con oportunidades" - Michele Jennae

Concéntrese en la calidad, no en la cantidad.

"El *networking* es más calidad y menos cantidad. Es mejor formar una conexión sólida con una persona nueva que una conexión líquida con diez" - Jarod Kintz

¡Cuidado con la tecnología!

"Las redes sociales crean una falsa sensación de intimidad, en particular cuando las personas eligen exponer mucho sobre sí mismas". - Heidi Roizen

Cuando se trata de networking, la tecnología es un arma de doble filo. La dependencia de las plataformas de redes sociales y las métricas de redes de vanidad puede ser una receta para un networking ineficaz, pero la confianza en la tecnología adecuada puede ser una receta para un *networking* ineficaz.

Las herramientas pueden resultar invaluables. Detesto la idea de tratar de conocer gente con el único propósito de obtener un beneficio personal. No debería ser así. La naturaleza de Dios dentro de nosotros y Su identidad se centran en el amor. Dar generosamente y con sacrificio, no tomar y usar para nuestro propio beneficio. La verdad es que nuestro éxito no se limita a las personas, pero sí necesitamos a otros para tener éxito.

Las relaciones reales y la colaboración son muy importantes para el éxito en todas las áreas de la vida.

Para tener éxito en las redes sociales, debes desarrollar un corazón de siervo. Cuanto más sirvas a los demás, más éxito tendrás.

En Mateo 20:20-24, Jesús nos enseñó que servir no es solo el "camino" al éxito, sino también el éxito en sí mismo.

Beneficios de vivir una vida de servicio.

1. SERVIR ELIMINA EL MIEDO AL FRACASO

Donde hay servicio, el centro de atención se convierte en un lugar de amor en lugar de un lugar de miedo con el riesgo de fracasar.

2. SERVIR CREA PROPÓSITO

Debes ver todo lo que haces como un lugar para servir a los demás, no como un lugar para satisfacer tus necesidades emocionales. Siempre debes preguntarte: ¿dónde está el lugar que está lleno de personas que me necesitan y necesitan mis dones? Luego, entra en ese lugar deseando llevar vida y alegría a los demás. Cuando hagas eso, tendrás un verdadero propósito que te permitirá superar los días difíciles en cualquier trabajo.

No existe el trabajo ideal, pero servir creará propósito y satisfacción, lo que puede hacer que el trabajo más difícil se sienta como un trabajo ideal.

3. SERVIR CREA VALOR PARA TI Y PARA LOS DEMÁS.

Si quieres atraer nuevas relaciones o construir algo, tienes que hacerte visible. Nunca pierdas oportunidades de amar y servir a los demás, Dios quiere que nos hagamos disponibles.

4. SERVIR CREA PROVISIÓN PARA TI Y PARA LOS DEMÁS

Servir da y atrae, mientras que el Networking puede enfocarse fácilmente en tomar. Para terminar bien en todo lo que hagas, debes enfocarte en el amor genuino, la generosidad y el cuidado de los demás. Cuando construyes relaciones sobre esos temas, sin ataduras, abres una corriente de provisión que fluye en ambos sentidos. Dios lo llama plantar y cosechar. (2 Corintios 9: 6-9)

5. SERVIR CAMBIA EL MUNDO PORQUE CAMBIA A LOS DEMÁS

Todos queremos dejar una huella, pero a veces nuestros sueños parecen tan inalcanzables.

Están más allá de nuestra educación, más allá de nuestra edad, habilidades, recursos y nuestras redes. La clave es comenzar de a poco. Encuentra a alguien que se sienta solo y herido, ilumina a esa persona. Solo cambia a una persona. La vida avanza rápido y Dios nos llama a redimir el tiempo y hacer que cada conversación cuente. En un mundo lleno de odio, división y desconexión, servir asombra al mundo. ¿Quién en tu mundo necesita el conocimiento y el poder salvadores de Cristo en este momento? ¿A quién se supone que debes servir hoy?

CITAS SOBRE LA RED

"La creación de redes ha sido citada como la regla número uno no escrita del éxito en los negocios. A quién conoces realmente afecta lo que sabes". - Sallie Krawcheck

"Para tener éxito en este mundo, tienes que ser conocido por la gente". - Sonia Sotomayor

"La creación de redes es una parte esencial de la creación de riqueza". - Armstrong Williams.

"La creación de redes efectiva no es resultado de la suerte; requiere trabajo duro y persistencia". - Lewis Howes.

"Son las personas que ya tienen fuertes relaciones de confianza contigo, que saben que eres inteligente, dedicado, un jugador de equipo, quienes pueden ayudarte". - Reid Hoffman

"Para nutrir el tipo de relaciones que te ayudarán a impulsarte hacia el logro de grandes cosas, necesitas olvidarte de las redes transaccionales y enfocarte en tener conversaciones profundas con menos personas sobre temas que realmente te importan". - Naveen Jain

"No permitas que una forma temporal de conectar sea un mal sustituto de una forma eterna. Sin estar conectados verticalmente con Dios, todos los contactos de las redes sociales del mundo no serán suficientes". - Robert A. Schuller

El "Apóstol de los gentiles" tenía un espíritu emprendedor que lo ayudó a difundir el Evangelio. Pablo ofrece un ejemplo de lo que pueden hacer quienes usan las redes de manera desinteresada.

La Red de Pablo

Pablo era un hombre adelantado a su tiempo. Sabía cómo ser todo para todos y usar las redes del mundo para promover su misión (1 Corintios 9:19-23).

Pablo no creó mucho en términos de infraestructura, como edificios de iglesias, centros culturales y similares. En cambio, discernió lo que ya estaba disponible y lo utilizó al máximo potencial. Ciertas constantes estaban arraigadas en el mundo romano, como las rutas comerciales, los puertos, los caminos, la ciudadanía, la ley y el ejército romano. Pablo los utilizó todos. Al final de su vida, había cambiado el mundo.

Pablo era itinerante. Viajó extensamente por todo el mundo mediterráneo y recorrió casi 10.000 millas solo en el libro de los Hechos. A través de sus viajes, Pablo conoció a varias personas.

Pablo era fabricante de tiendas. El hecho de que haya elegido esta ocupación nos muestra algo acerca de su corazón y su estrategia.

Pablo trabajaba con sus manos para mantenerse a sí mismo. De esta manera, no sería una carga para nadie. Enriqueció a sus oyentes a sus expensas.

Escribe: "A diferencia de muchos, no vendemos el pan a los demás, sino que somos como los que hacen las tiendas de campaña".

"Nosotros no somos la iglesia, sino la iglesia de Dios para provecho. Al contrario, en Cristo hablamos delante de Dios con sinceridad, como enviados de Dios" (2 Corintios 2:17).

Evangelización A través de Redes.

Pablo impactó al mundo con recursos comparativamente pequeños porque vio el poder de las redes. Sabía que las redes cuestan poco dinero y producen mucho más de lo que uno pone en ellas. Pablo poseía un corazón desinteresado y trabajaba incansablemente (1 Corintios 15:10).

La Iglesia es la comunidad más interconectada de la tierra. Está arraigada en cada país y tiene miembros en cada campo, disciplina y experiencia. Si la Iglesia aprendiera a trabajar en red, a caminar en humildad y discernimiento, cambiaría el mundo.

Jesús, el Creador Original de Redes

Basándonos en la vida y la misión de Jesús, podemos fácilmente considerar a Jesucristo como el modelo perfecto para trabajar en red. Las posibilidades y el potencial están en todas partes. Cristo dice: "La mies está lista, abre los ojos. Está ahí afuera donde mires, pero los trabajadores son pocos". (Mateo 9:37)

Lo que eso significa para nosotros es que abras los ojos, los prospectos están en todas partes. Todo lo que necesitas hacer es aparecer, acercarte y hacer un seguimiento.

Tu destino no está conectado con todo el mundo, y las personas adecuadas aparecerán.

Practica la duplicación: ¿quién es tu modelo para seguir?

Jesús dijo: "Yo hago sólo lo que veo hacer a mi Padre". Eso es una duplicación total. De hecho, Cristo no solo practicó la duplicación, sino que practicó la multiplicación.

Usa la Prueba Social

Cristo envió a sus discípulos de dos en dos. Si te digo algo, puede que sea sospechoso, porque lo escuchaste solo de mí. Pero si tengo a mi socio conmigo, lo que digamos tendrá más credibilidad.

¡Sigue adelante, sigue adelante!

Una de las palabras favoritas en el marketing de redes es "¡Siguiente!". Eso es lo que Cristo modeló: si una ciudad no está de acuerdo con tu mensaje, sacúdete el polvo y sigue adelante. "¡Siguiente!"

Habla con la gente

Cristo era social. Él conocía el poder de los números y cómo usarlo. Pasó tiempo entre la multitud. Siempre estaba atrayendo multitudes y conectándose con la gente.

¡No prejudices!

Cristo nunca prejuzgó a nadie. ¿Quién hubiera pensado que uno de sus principales líderes sería alguien que lo negaría tres veces? Dos de sus pescadores sin educación se convirtieron en grandes reclutadores.

Escrituras para meditar sobre *Networking* (formacion de redes):

Mateo 7:12 - "En todo, pues, tratad a los demás tal como queráis que os traten; porque esto es la ley y los profetas."

Lucas 16:9 - "Y yo os digo: Haceos amigos por medio de las riquezas de la iniquidad, para que cuando éstas falten, os reciban en las moradas eternas."

Eclesiastés 4:9-12 - "Mejores son dos que uno, porque tienen mejor paga de su trabajo. Porque si alguno cayere, el uno levantará a su compañero. Pero ¡ay del que cae y no hay otro que lo levante! Además, si dos se acuestan juntos se calientan, pero ¿cómo se calentará uno solo?"

Proverbios 19:6 - "Muchos buscarán el favor del generoso, y todo hombre es amigo del que da regalos".

1 Samuel 16:22 - "Saúl envió a decir a Isaí: "Que David esté ahora delante de mí, porque ha hallado gracia a mis ojos".

Por favor, estudie y medite en las siguientes escrituras: Deuteronomio 22:10, 1 Corintios 9:20, Romanos 14:19, Lucas 6:31, 2 Juan 1:12, Éxodo 1:10, 1 Corintios 3:9

Capítulo 11: Ceder

"Si una rama es demasiado rígida, se romperá. Resiste y perecerás. Aprende a ceder y sobrevivirás." - Liezi

Ceder significa cumplir con las peticiones o deseos de otro. También significa generar un retorno de una cantidad específica. Donde haya ceder, habrá retornos o ganancias. La confesión y el arrepentimiento implican deshacerse de todo lo que obstaculiza el control de Dios sobre nuestras vidas. Ceder a Dios es ponernos totalmente en Sus manos.

Ceder a Dios significa dejar ir tu propia voluntad para abrazar la Suya. Significa renunciar, entregar, dar la vuelta y sacrificar. Significa rendirse y someterse. Siempre debemos pedirle a Dios dirección en todo lo que planeamos hacer. (Mateo 7:7-8).

Citas sobre Ceder

"La autocompasión es nuestro peor enemigo y si nos rendimos a ella, nunca podremos hacer nada sabio en este mundo". -Helen Keller

"Cuando cedemos al desánimo, generalmente es porque pensamos demasiado en el pasado o en el futuro." -Therese

Dios nunca fuerza la voluntad de una persona a rendirse, y nunca ruega. Espera pacientemente hasta que esa persona se entregue voluntariamente a Él. La verdadera entrega es una cuestión de estar "unidos [con Jesús] en la semejanza de Su muerte" (Romanos 6:5) hasta que nada te atraiga que no le atrajera a Él. Y después de que te rindes, ¿qué pasa? "Toda tu vida debe caracterizarse por un afán de mantener una comunión y una unidad ininterrumpidas con Dios".

-Oswald Chambers.

"No nos sorprendamos cuando enfrentemos dificultades. Cuando el viento sopla fuerte sobre un árbol, las raíces se estiran y se fortalecen, que así sea con nosotros. No seamos débiles, rindiéndose a cada viento que sople, sino fuertes en espíritu para resistir. "- Amy Carmichael.

"Someterse no es ser forzado. "Es ceder ante una fuerza mayor que la propia, convertirse en parte del todo." - Diana Hardy

"La fuerza siempre debe complementarse con la suavidad. Si resistes demasiado, te romperás. Por lo tanto, la persona fuerte sabe cuándo usar la fuerza y cuándo ceder, y la buena fortuna y el desastre dependen de si sabes cómo y cuándo ceder." - Liez

"Desarrolla la flexibilidad y serás firme; cultiva la cesión y serás fuerte." - Liez

"Sé como el agua, que es fluida y suave y flexible, como con el tiempo, el agua vencerá a una roca que es rígida y dura. Por lo tanto, lo que es suave es fuerte."   -Autor Anónimo

"Un secreto para liberarse de las luchas en la vida es aprender a ceder. Ceder no significa rendirse ni darse por vencido. Simplemente significa moverse con el flujo de la corriente, lo que hace que todo sea más fácil y fluido." - Peggy Sealfon

UNA VIDA ENTREGADA A DIOS

En el verano de 1986, dos barcos chocaron en el Mar Negro frente a la costa de Rusia. Cientos de pasajeros murieron al ser arrojados a las gélidas aguas. Las noticias del desastre se oscurecieron aún más cuando una investigación reveló la causa del accidente. No fue un problema tecnológico como un mal funcionamiento del radar, o incluso una espesa niebla.

La causa fue la terquedad humana. Cada capitán era consciente de la presencia del otro barco cerca. Ambos podrían haber evitado, pero según los informes de prensa, ninguno de los dos quería ceder el paso al otro. Ambos eran demasiado orgullosos para ceder el paso primero. Cuando recobraron el sentido, ya era demasiado tarde.

Romanos 6:13 - "Ni tampoco presentéis vuestros miembros al pecado como instrumentos de iniquidad, sino presentaos vosotros mismos a Dios como vivos de entre los muertos, y vuestros miembros a Dios como instrumentos de justicia".

LA VIDA RENDIDA

A. TUS OJOS DEBEN ESTAR RENDIDOS

1. Los ojos rendidos estudiarán la Biblia. Salmo 1:2 "... sino que en la ley del Señor está su delicia, y de día y de noche medita en su ley."

2. Los ojos rendidos mirarán a Jesús. hebreos 12:2 "Puestos los ojos en Jesús, el autor y consumador de la fe, el cual por

el gozo puesto delante de él sufrió la cruz, menospreciando el oprobio, y se sentó a la diestra del trono de Dios."

3. Los ojos rendidos buscarán a los perdidos. Juan 4:35 "¿No decís vosotros: "Aún faltan cuatro meses para la siega"? Os digo: abrid los ojos y mirad los campos, que están maduros para la siega."

B. TUS OÍDOS DEBEN ESTAR RENDIDOS

Los oídos rendidos son sordos a los chismes. 1 Timoteo 4:7 - "No tengas nada que ver con mitos impíos ni con cuentos de viejas; más bien, ejercítate en la piedad."

1. 1 Timoteo 6:20 - "Timoteo, cuida lo que se te ha encomendado. Apártate de las conversaciones impías y de las ideas contrarias de lo que falsamente se llama conocimiento..."

2. Los oídos rendidos están abiertos a la Palabra de Jesús.

Lucas 10:39 - "Ella tenía una hermana llamada María, que sentada a los pies del Señor escuchaba lo que Él decía."

3. Los oídos rendidos son obedientes al mensaje de Dios. Hechos 8:26 Un ángel del Señor le dijo a Felipe: "Ve hacia el sur, al camino que desciende de Jerusalén a Gaza, el camino del desierto."

C. TU LENGUA DEBE SER RENDIDA

1. Una lengua rendida está refrenada. Santiago 1:26- "Aquel-

los que se consideran religiosos y, sin embargo, no controlan firmemente sus lenguas, se engañan a sí mismos, y su religión no vale nada.

2. Una lengua rendida es de oración.

3. Una lengua rendida hablará Cristo en la cruz.

Debido a que Jesucristo pagó la pena por los pecados de toda la humanidad, Su crucifixión nos da la oportunidad de tener una comunión abierta con Él por toda la eternidad. Pero también significa que compartiremos la carga de llevar la cruz.

Debemos buscar y seguir la voluntad de Dios sin importar el costo.

Tu relación con Dios puede costarte tu familia, tus amigos, tu trabajo o, en algunos casos extremos, tu vida. Jesucristo fue el modelo perfecto de rendición. Debido a que amaba tanto a Su Padre y a nosotros, entregó Su vida perfecta y sin pecado a Dios.

¿Renunciarás a la voluntad propia que te impide tener una mejor relación con Jesucristo? ¿O te estás aferrando a las cosas terrenales, que eventualmente se desvanecerán a expensas de perder todo lo que Dios tiene para ti en la tierra y eternamente?

Sigue a Cristo:

Seguir a alguien es una tarea difícil, especialmente cuando implica renunciar a cualquier medida de control.

Un ejemplo perfecto de esto es Jesús invitando a Andrés y Pedro a seguirlo. Dejaron todo atrás. Jesús también animó al joven rico a que lo siguiera, pero él se negó a vender todo lo que poseía y, por lo tanto, no lo seguiría.

Es difícil seguir porque nos gusta la sensación de liderar. ¿A cuántos de nosotros nos gusta conducir detrás de un camión que avanza lentamente en una autopista de dos carriles? Por impacientes que seamos, no pasará mucho tiempo antes de que lo pasemos, disfrutando así del camino abierto que tenemos por delante. ¿Con qué frecuencia sentimos que Dios se mueve demasiado lento, lo que nos hace correr hacia delante y dejarlo atrás?

Cuando hacemos esto, dejamos la seguridad de Su voluntad por la incertidumbre de la nuestra. Ser seguidores dedicados de Jesucristo requiere fuerza y sabiduría, pero lo más importante es que requiere que le entreguemos el control de nuestras vidas de una vez por todas. Él es la fuente de toda fuerza y sabiduría. ¿Te negarás a ti mismo, tomarás Su cruz y lo seguirás?

Encuentra tu vida:

En el versículo 25, vemos una clara advertencia por no rendirse a Cristo:

Porque todo el que quiera salvar su vida, la perderá; pero todo el que pierda su vida por causa de mí, la hallará.

Todo aquel que busque salvar su vida, buscando sus propios intereses y rechazando el regalo de Dios, Jesucristo, vivirá una vida superficial y sin sentido, desprovista de Él y una eternidad apartado de Él. Si bien Él puede elegir bendecir a las personas con riquezas terrenales, quienes lo rechazan no tendrán lugar con Él en el cielo. El infierno está lleno de personas "ricas" que nunca rindieron sus vidas a Dios en Jesucristo.

La entrega total a Dios a través de la fe en Su Hijo es la decisión más importante que una persona puede tomar.
Si aún no ha colocado a Jesús en el trono de su vida, lo animo a que lo haga hoy. También lo animo a usted, hermano creyente, a que tome la decisión de rendirle todo lo que tiene a Dios.

¿Cuál de estos cuatro pasos es el más desafiante para usted?

Entregarse a Dios es mostrar una fe completa en Él y creer en Sus promesas. Al igual que un niño, podemos caminar libres de preocupaciones. Simplemente debemos elegir confiar en Dios para todo. Si podemos confiar en Dios para nuestra salvación a través de Jesucristo, podemos confiar en Él para nuestras necesidades y deseos diarios.

"De cierto les digo que si no cambian y se vuelven como niños pequeños, no entrarán en el reino de los cielos." Mateo 18:3 (NVI)

Entregarse es literalmente renunciar a todo el control. Es decirle a Dios que no somos lo suficientemente grandes para lidiar con nuestras preocupaciones, y que Él debe tomar el control. Cuando finalmente dejamos ir todas nuestras preocupaciones, le damos a Dios espacio para ejercer Su poderoso brazo en nuestras vidas. Cuando nuestras manos están débiles y cansadas, ¡las manos de Dios son fuertes y poderosas!

"¡Poderoso es tu brazo! ¡Fuerte es tu mano! Tu diestra se alza en gloria y fuerza". Salmo 89:13 (NTV)

Cómo rendirse: Renunciar al control es una elección diaria, momento a momento. El enemigo busca cada día nublar nuestra mente con preocupaciones, dudas y temores. El diablo quiere que no haya lugar para Dios en nuestras vidas. Entregarse a Dios se convierte en un estilo de vida de entregarlo todo a Él todos los días.

Siempre que los pensamientos negativos busquen invadir nuestro espacio, debemos cortarlos y entregárselos a Dios de inmediato. Las misericordias de Dios son nuevas cada mañana, por lo que lo que sucedió ayer, el año pasado o hace una década se ha ido por completo.

Cargar con el pasado solo ocupará espacio para la bondad, la gracia y el favor de Dios en tu vida. Renovar nuestra mente en Cristo significa dejar ir todas las cargas que Él murió para quitarnos.

"La misericordia del Señor nunca cesa; sus misericordias nunca se acaban; son nuevas cada mañana; grande es tu fidelidad." - Lamentaciones 3:22-23 (ESV)

COSAS CLAVE PARA DEJAR IR:

Control: Esta es la cosa más difícil de dejar, porque sin ella nos sentimos vulnerables. No tenemos por qué preocuparnos porque Dios ya tiene el control. Él es el Creador del Universo, así que podemos confiar en Él cada día. Dejar ir da miedo al principio, pero la libertad en nuestra mente y corazón valdrá la pena. "Y sabemos que a los que aman a Dios, todas las cosas les ayudan a bien, esto es, a los que conforme a su propósito son llamados". - Romanos 8:28 (NVI)

La Preocupación: La preocupación no añade un solo día a nuestras vidas. La preocupación puede afectar literalmente no solo nuestra mente y corazón, sino también nuestro cuerpo. La preocupación no hace absolutamente nada positivo. Entrégale tus preocupaciones a Dios y verás cómo tu vida prospera a Su favor. "No se preocupen por nada; más bien, oren por todo. Díganle a Dios lo que necesitan y agradézcanle por todo lo que ha hecho." Filipenses 4:6 (NTV)

El amor al dinero: Tendemos a aferrarnos a nuestro dinero. El dinero puede convertirse en un ídolo si lo colocamos por delante de Dios. Dios quiere bendecirnos, por lo que debemos poner nuestras finanzas en el lugar apropiado: en las manos de Dios. Necesitamos entregarle nuestros asuntos financieros y obedecer su dirección. "Sean ustedes del amor al dinero y estén contentos con lo que tienen, porque él dijo: 'No te desampararé ni te dejaré'". -hebreos 13:5 (RVR1960)

Relaciones: Rendirnos a la voluntad soberana de Dios en nuestras relaciones demuestra que confiamos en Él con las personas que nos importan. No podemos ser el salvador y héroe de todos, pero Jesús sí puede. Él murió porque nos ama a todos, incluso a las personas más preciadas para nosotros. Podemos hacer todo lo que esté a nuestro alcance para amar y cuidar a quienes se nos han confiado y confiarle a Dios el resto. "Y si Dios cuida tan maravillosamente de las flores silvestres que hoy están aquí y mañana son arrojadas al fuego, ciertamente cuidará de ustedes. ¿Por qué tienen tan poca fe?" - Mateo 6:30.

Ansiedad Por Su Futuro: Solo podemos cambiar un día a la vez. Vivir en el futuro puede robarnos fácilmente la alegría del presente. Cada día es un regalo, y lo perdemos cuando permitimos que nuestras mentes se concentren en todo lo desconocido. Podemos confiarle a Dios nuestro futuro, para poder enfocarnos en el presente. Tratar de controlar el futuro es como tratar de controlar el viento. El contentamiento en el presente evitará que nuestros ojos se desvíen hacia el mañana. "Así que, no se preocupen por el día de mañana, porque el día de mañana traerá sus propios afanes." - Mateo 6:34

Obstáculos Para Una Vida de Fe Rendida:

Una vida rendida tiene muchos obstáculos, pero todos pueden ser superados por la fe.

La Palabra de Dios es la Constitución del Reino de Dios. Te da derechos y privilegios como ciudadano del cielo. No tienes que esperar hasta llegar al cielo para reclamarlos.

"Por lo tanto, ya que estamos rodeados por una gran nube de testigos, despojémonos de todo peso y del pecado que tan fácilmente nos enreda. Y corramos con perseverancia la car-

rera que tenemos por delante..." Hebreos 12:1 NVI.
La fe es tu mayor activo espiritual. Cuatro veces en la Palabra de Dios se nos dice, "..el justo por la fe vivirá." - Romanos 1:17.

El capítulo 11 de hebreos registra las hazañas de fe de grandes hombres y mujeres, que confiaron en Dios y recibieron lo imposible. Estos creyentes del Antiguo Testamento solo podían recibir las promesas materiales y físicas del Pacto Abrahámico, pero no podían recibir la redención espiritual. Eso no pudo suceder hasta que Jesús fue a la cruz como el Cordero de Dios, el último sacrificio bajo el Pacto Abrahámico, para obtener la redención eterna para nosotros.

Jesús es el mediador de un mejor pacto con mejores promesas. Es un mejor pacto porque no solo obtenemos todos los beneficios materiales y físicos del Antiguo Pacto, sino que también hemos obtenido la redención espiritual.
Hebreos 12:1- "...desechar todo lo que estorba..."

Obstaculizar significa "retrasar o detener algo, especialmente algo que está en marcha o a punto de comenzar. Implica una prevención del progreso, ya sea deliberada o accidental". Un obstáculo es cualquier cosa que proporcione resistencia, retraso u obstrucción a algo o alguien.

Satanás introducirá obstáculos para evitar que desarrolles tu fe y recibas revelación de la Palabra de Dios. El conocimiento de la revelación te permite avanzar, ver capacidades, darte cuenta de lo que Satanás te ha robado y saber lo que te pertenece como creyente ahora en esta vida.

PRINCIPALES OBSTÁCULOS PARA VIVIR LA VIDA DE FE A LA QUE DIOS NOS HA LLAMADO:

(1) No entender la nueva creación.

"Por lo tanto, si alguno está en Cristo, nueva criatura es: las cosas viejas pasaron; he aquí todas son hechas nuevas." (2 Corintios 5:17).

(2) No entender nuestro lugar en Él y Su lugar en nosotros.
Las frases "en Cristo", "en Él" y "en quien" aparecen 134 veces en el Nuevo Testamento.

Estas frases nos dicen quiénes somos y qué tenemos.

"Porque somos hechura suya [su propia obra maestra, una obra de arte], CREADOS EN CRISTO JESÚS [renacidos de arriba— espiritualmente transformados, renovados, listos para ser usados] para buenas obras, las cuales Dios preparó de antemano [para nosotros] [tomando caminos que Él estableció], para que anduviésemos en ellas [viviendo la buena vida que Él preorganizó y preparó para nosotros]" (Efesios 2:10).

"Y vosotros estáis completos EN ÉL, que es la cabeza de todo principado y potestad." (Colosenses 2:10).

(3) No entender la justicia
La justicia no es algo que se obtiene cuando se llega al cielo. No tiene nada que ver con la conducta aquí en la tierra. Es una posición de rectitud ante Dios que no te has ganado.

"Porque Él lo hizo para que fuese justo por nosotros, el que no conoció pecado, para que fuésemos HECHOS justicia de Dios en él." (2 Corintios 5:21).

"Jesús fue HECHO pecado con tu pecado, y tú fuiste HECHO justo con Su justicia. Porque así como por la desobediencia de un hombre los muchos fueron constituidos pecadores, así también por la obediencia de uno (Jesús) los muchos serán HECHOS justos." (Romanos 5:19).

1 Juan 4:17 dice... "como él es, así somos nosotros en este mundo." ¡No cuando lleguemos al cielo!

Algunos de los derechos y privilegios en el Reino que te pertenecen ahora:

- Todas las cosas buenas que existen (1 Corintios 3:21-22, Romanos 8:32).
- Vida eterna: la vida de Dios (Juan 10:10).
- Victoria sobre Satanás y todas sus obras –pecado, enfermedad, falta, demonios, temor (1 Juan 3:8, Hebreos 2:14-15).
- El cuidado y protección del Padre (Mateo 6:30-34, 2 Corintios 9:8, Filipenses 4:19, 3 Juan 2).
- Oración contestada (1 Pedro 3:12, Santiago 5:16, Marcos 11:24).
- La morada y el empoderamiento del Espíritu Santo. (Juan 14:17, 26, Hechos 1:8)

(4) No entender nuestro privilegio y derecho de usar el Nombre de Jesús.

Para vivir una vida victoriosa de fe, es vital que tengamos fe en el Nombre de Jesús.

Aunque el creyente ha sido liberado del poder de las tinieblas, todavía vivimos en un mundo dominado por Satanás. El Nombre de Jesús es un arma que podemos usar.

Al Cuerpo de Cristo se le ha dado el poder de abogado para usar el Nombre de Jesús. El derecho a usar el nombre de alguien es el derecho a usar su autoridad completa.

"Por lo cual Dios también le exaltó hasta lo sumo, y le dio un nombre que es sobre todo nombre, para que en el nombre de Jesús se doble toda rodilla de los que están en la tierra y debajo de la tierra, y toda lengua confiese que Jesucristo es el Señor, para gloria de Dios Padre..." (Filipenses 2:9-11).

El Nombre de Jesús también recibe el oído de Dios.

"De cierto, de cierto os digo que todo lo que pidiereis al Padre EN MI NOMBRE, os lo dará" (Juan 16:23).

Cuando desarrolles fe en el Nombre de Jesús, tendrás la confianza de que tienes el oído de Dios y de que Satanás y todos los poderes de las tinieblas obedecerán tus órdenes. "Y estas señales seguirán a los que creen: EN MI NOMBRE echarán fuera demonios; hablarán nuevas lenguas; tomarán en las manos serpientes, y si bebieren cosa mortífera, no les hará daño; sobre los enfermos pondrán sus manos, y sanarán." (Marcos 16:17-18).

(5) No entender cómo actuar según la Palabra.

"La fe sin acciones está muerta [fe]." (Santiago 2:26)

Cuando crees en la Palabra de Dios, actuarás conforme a ella. Confiar en el Señor es estar completamente persuadido de que Él hará lo que dijo que haría.

"Fíate de Jehová de todo tu corazón, y no te apoyes en tu propia prudencia." (Proverbios 3:5).

Debemos confiar en el Señor y cumplir Su Palabra más de lo que confiamos en las palabras de un médico, un abogado o un amigo de confianza. En el Reino de Dios, son los hacedores de la Palabra los que obtienen resultados. No solo los feligreses. Jesús comparó a un hacedor de la Palabra con un hombre que construyó su casa sobre una roca.

"Así que, cualquiera que me oye estas palabras y las hace, le compararé a un hombre prudente, que edificó su casa sobre la roca..." (Mateo 7:24).

Cuando las tormentas de la vida se levantaron y golpearon contra esa casa, no pudo ser sacudida.

La primera generación de israelitas que fueron liberados de Egipto, tenían la Palabra de Dios acerca de la abundante tierra de Canaán que los esperaba. Sin embargo, debido a que no actuaron en consecuencia, nunca experimentaron su herencia.

Qué hacer para que la Palabra sea efectiva en tu vida:

(1) Dale a la Palabra el primer lugar y la autoridad final en tu vida.

(2) Medita en una escritura específica y aplícala a tu situación personal.

(3) Háblala y permite que el Espíritu Santo pinte una imagen clara de la Palabra en tu interior para que estés completamente persuadido.

(4) No entender que debemos aferrarnos a nuestra confesión de fe.

"Así que, teniendo un gran sumo sacerdote que traspasó los cielos, Jesús el Hijo de Dios, retengamos nuestra profesión (confesión de fe)." (Hebreos 4:14).

La palabra griega traducida como profesión o confesión es la palabra homología, que significa "decir lo mismo". Tu fe nunca se elevará por encima del nivel de tu confesión de la Palabra.

Debemos confesar la Palabra de Dios para poseer las promesas por fe, o todas las promesas no significan nada. Tener miedo de actuar o confesar antes de tener la manifestación es dudar de la Palabra de Dios. Retener tu confesión permite que tu mente esté de acuerdo con lo que Dios dijo. La Palabra de Dios está establecida para siempre en el cielo. Debemos establecerla en la tierra.

"No perdáis, pues, vuestra confianza, que tiene grande galardón. Porque os es necesaria la paciencia, para que, habiendo hecho la voluntad de Dios, obtengáis la promesa." (hebreos 10:35-36).

Por favor estudie y medite en las siguientes escrituras: Filipenses 2:9-11, 1 Pedro 5:7, Salmo 23:1, Isaías 53:3-5, 1 Corintios 1:30.

Oración y confesiones para terminar con fuerza y saltar a los testimonios.

Confesión:

Eclesiastés 7:8 - "Mejor es el fin de un asunto que su fin".

"Aunque la higuera no florezca, ni en las viñas haya frutos, falte el producto del olivo, y los labrados no den mantenimiento, y las ovejas sean quitadas de la majada, y no haya vacas en los corrales; con todo, yo me alegraré en Jehová, y me gozaré en el Dios de mi salvación. Jehová Dios es mi fortaleza, y hará mis pies como de ciervas, y sobre mis alturas me hará andar."

Hechos 20:24 - "Pero de ninguna cosa hago caso, ni estimo preciosa mi vida para mí mismo, con tal que acabe mi carrera con gozo, y el ministerio que recibí del Señor Jesús, para dar testimonio del evangelio de la gracia de Dios."

2 Timoteo 4:7-8 - "He peleado la buena batalla, he acabado la carrera, he guardado la fe. Por lo demás, me está guardada la corona de justicia, la cual me dará el Señor, juez justo, en aquel día".

1 Corintios 9:24-27 - "¿No sabéis que en el estadio todos corren, pero uno solo se lleva el premio? Corred de tal manera que obtengáis el premio. Todos los que compiten en los juegos se entrenan rigurosamente. Ellos lo hacen para recibir una corona que no dura, pero nosotros lo hacemos para recibir una corona que permanece para siempre. Por tanto, yo no corro como quien corre sin rumbo, ni peleo como quien golpea el aire. Más bien, golpeo mi cuerpo y lo pongo a mi servicio, no sea que habiendo sido heraldo para otros, yo mismo quede descalificado para el premio".

Joel 2:23-24 - "Vosotros también, hijos de Sión, alegraos y gozaos en Jehová vuestro Dios; porque os ha dado la primera lluvia a su tiempo, y hará descender sobre vosotros lluvia temprana y tardía como al principio; y las eras se llenarán de trigo, y los lagares abundarán de vino y de aceite."

Si has leído este libro, esta es mi oración para ti hoy:

"Padre amado, te pido que les des la gracia de ir a sus lugares altos. Te pido que los eleves del valle de la desgracia a la montaña de los tesoros, del valle de una economía en crisis a una prosperidad poco común en el nombre de Jesús. Señor, dales salud divina y éxito incomparable. Señor, sácalos de la vergüenza y el oprobio a la gloria y el honor. Declaro liberación divina y libertad sobre ellos y sobre toda su familia en el nombre de Jesús. Padre sácalos de cualquier tipo de esterilidad a una fructificación poco común. Declaro un progreso rápido y negocios lucrativos fuera de lo común. Ruego Padre que los levantes del rechazo y la persecución a ser altamente favorecidos ante ti y ante los hombres en el nombre de Jesús.

Que el buen Señor te levante de las pruebas y tribulaciones al triunfo y a testimonios fuera de lo común en el poderoso nombre de Jesús. Ruego que vivas el resto de tu vida experimentando el poder de la resurrección, avances financieros, sabiduría divina y una profunda intimidad con el Señor, en el nombre de Jesucristo. Gracias, Señor, por hacer mucho más de lo que he pedido en oración." AMÉN

Continúa y agradece a Dios por todas las bendiciones que te ha otorgado a ti y a tu familia.

Efesios 3:20 "Y a Aquel que es poderoso para hacer todas las cosas mucho más abundantemente de lo que pedimos o entendemos, según el poder que actúa eficazmente en nosotros, a Él sea la gloria en la iglesia en Cristo Jesús por todas las generaciones, por los siglos de los siglos." AMÉN."

ACERCA DEL AUTOR

El Pastor Fred Kasule es el fundador de *Go International Foundation Uganda* y también el supervisor de las iglesias de *Cornerstone Christian Fellowship en Uganda.* Tiene una licenciatura en Economía y Estadística de la Universidad Makerere y también es graduado del Instituto Bíblico Internacional de Londres. Profesor de la Biblia, autor y predicador, el pastor Fred organiza cruzadas y conferencias periódicas en Uganda y en el extranjero. Fred y su esposa Robina tienen tres hijas: Phillipa, Christine y Tracy Dianne.

El Pastor Fred es autor de libros que cambian vidas, entre ellos:

- Tu Sueño: Un Gran Desafío,
- Tu Sueño: El Poder de lLegar a Ser
- Gracia Para La Carera
- Tú Eres el Hacha de Batalla de Dios
- Estás Construido Para Durar.

Para más información puede contactarnos al: +256(0)758 187 771 (WhatsApp) +256(0)772 502 853

Correoelectrónico:fredkasule@mail.com / www.gifuganda.org

www.ingramcontent.com/pod-product-compliance
Lightning Source LLC
Chambersburg PA
CBHW071406120626
46546CB00002B/835